인문학 카페

인생 강의

혁신
·
성공
·
정의
·
창의
·
소통
·
치유
·
행복
·
종교
·
건강

대한민국 직장인의 9가지 고민을 인문학으로 풀다

인문학 카페
인생 강의

강승완 · 김선희 · 김용신 · 마석한 · 성해영
안병대 · 유헌식 · 이기봉 · 채석용

글담출판사

일상을 인문학처럼

삶에서 무엇이 가장 무서울까? 서슴지 않고 나는 '일상日常'이라고 답한다. 하루하루 우리의 생각과 행동은 '일상이라는 괴물'에 붙잡혀 있기 때문이다. 일상을 벗어나기란 여간 어려운 일이 아니다. 당장의 먹고 사는 문제를 위시하여 인간의 기본적인 욕구와 자연적 혹은 인륜적인 의무를 행하느라 여념餘念이 없다. 해야 할 일이 있고 사랑을 하며 가족을 챙기는 등 자신에게 매번 주어지는 일들을 수행하고 처리하기에 바쁘다. 한 개인의 일상은 '나'를 중심으로 형성된 일종의 그물망으로서 나의 통상적인 활동공간이지만 또한 내가 갇혀 있는 폐쇄공간이기도 하다. 닫힌 공간으로서의 일상은 나로 하여금 시간을 자유롭게 사용하지 못하게 하는 '늪'이기도 하다. 이러한 일상에 대해 나는 어떤 태도를 취해야 할까?

일상이 불만스런 이들에게 가능한 출구는 두 가지다. 어떻게든 일상의 굴레를 벗어나는 길 그리고 일상 안에서 자유를 찾는 길이다. 인문학은 지금까지 앞의 길을 안내해 왔다. 지치고 힘든 일상에서 벗어나는 여유와 치유의 길을 제시했다. 하지만 이는 일상을 회피하는 소극적인 방법이다. 이제는 인문학이 일상 안으로 침투해 들어가는 적극적인 길을 제시할 필요가 있다. 인문학적 사고와 상상력을 통해 일상 밖이 아니라 일상 안에서 삶의 활력과 의미를 확인하고 산출할 수 있는 길을 모색할 필요가 있다. 우리 삶의 대부분이 할애되고 있는 일상이라는 장場을 떠나 삶의 지혜와 의미를 말하는 것은 충분히 현실성을 띤 대안으로 보기 어렵다. 이것이 바로 인문학적인 시각과 지혜가 우리의 일상 안에서 지니는 의미를 제대로 조명해야 하는 이유다.

인문학은 일상의 요소에 대한 통상적인 혹은 세속적인 시각을 의문시한다. 세계·사태·사람을 바라보고 판단하는 데에서 인문학은 상식적인 시각의 한계와 오류를 지적한다. 인문학적 사고와 상상력과 통찰력은 일상에서 진행되는 다양한 사태에 대해 '새롭게 바라보기'를 제안한다. 이 책에서 다루고 있는 혁신, 성공, 정의, 창의, 소통, 치유, 행복, 종교, 건강이라는 주제어들은 우리가 일상에서 부딪치는 문제 상황이다. 이들에 대해 어떤 시각과 태도를 지니는 것이 바람직한지를 이 책의 필자들은 제시한다. 인문학은 여기서 무엇보다 '주어진 사태를 어떻게 바라보는 게 올바른가?'하는 문제에 초점을 맞추어 사태에 접근한다.

성찰, 지혜, 자유 그리고 그에 따른 행위를 지향하는 인문학은 삶의 질을 제고하는 데 목적이 있다. 개인과 사회의 차원에서 인문학은 우리가 사태를 어떻게 바라보고 평가할 것인가에 못지않게, 어떤 문제로 고민하는 것이 과연 현명한지에 대해 논의한다. 일상의 우리는 자신도 모르는 사이에 편파적이고 편협한 사고에 빠져 사태를 잘못 파악하고, 그에 따라 엉뚱한 문제 앞에서 고민하곤 한다. 일상의 시선은 즉물即物적이기 쉽다. 즉물적이란 생각이 사물 혹은 사태에 바로 붙어 있다는 뜻이다. 인문학은 일상의 시선을 사물·사태에서 분리시켜 사물·사태에 객관적으로 접근할 수 있는 시선을 모색한다. 이 시선은 즉각적이고 즉물적인 감정에 얽매이지 않고 냉정하게 세계와 만나는 길을 다각도로 열어 보인다. 인문학은 사태의 가상假像이 아니라 실상實像을 파악하도록 권하여, 우리가 '가짜 문제'를 진짜 문제로 오인하는 데 따른 방황과 고통에서 벗어날 수 있는 길을 제시한다. 일상의 허위의식에서 벗어나 참된 의식에 이르도록 인문학은 계도한다.

무엇을 어떻게 보고, 어떻게 생각하고, 어떻게 행동할 것인가 하는 등의 문제 속에서 일상은 진행된다. 인문학은 이 '어떻게'에 관여하여 '고민의 질質'을 변화시킨다. 어떤 고민이 고민할만한 가치가 있는지를 판별하여 우리의 일상적인 생각에 새로운 판단의 지평을 연다.

인문학이 개인과 사회의 문제에 출구를 제시한다고 할 때, 그것은 문제의 출처에 대한 객관적인 진단과 그에 따른 조치를 뜻한다. 물론 인문학적 사고가 만병통치는 아니어서 일상의 문제를 근본적으로 해결하지는 못하는 경우가 발생하지만, 적어도 인문학은 문제의 소재와 성질을 밝혀 '엉뚱한 문제' 속에서 헤매는 행태를 지적하고 예방하고자 한다.

일상의 통속적인 시각을 교정하고자 하는 인문학의 태도를 통하여 우리는 이제 '자기' 속에 잠재해 있는 가능성에 눈뜨게 된다. 『인문학카페 인생강의┃는 결국 '지금까지 드러난 나' 이외에 '아직 드러나지 않은 또 다른 나'를 깨닫게 하는 계기를 제공할 것이다. 인문학적 분석력과 판단력과 상상력은 지금까지 자신이 접하지 못했던 '새로운 나'를 만나게 한다. 여기서 인문학은 단순히 삶의 윤활유나 치유책이라는 삶의 보조기능에 머물지 않고 '나의 일상'에 구체적으로 개입하여 일상의 삶을 변화시키는 데 적극적으로 활용되는 핵심기능을 수행하게 된다. 우리의 '닫힌 일상'에 인문학이 투입됨으로써 일상과 인문학이 서로 호흡하고 흐르는 '열린 일상'의 시대가 다가오기를 기대한다.

2013년 8월 유헌식

'나'를 재발견하는
인문학 카페 인문학 강의

〈인문학 카페〉는 '인문학을 생활 속으로'라는 생각을 바탕으로 인문학 수요자들이 필요로 하는 인문학 강좌를 진행하는 사회적 기업이다. 강좌를 기획하면서 가장 고민했던 점도 지식콘텐츠를 소유한 인문학자로부터 수요자가 원하는 '문제해결을 위한 인문학적 도구'를 어떻게 끌어낼 수 있는지에 대한 문제였다. 이런 고민 끝에 직장인들을 위한 인문학 강의를 준비하며 우리는 아래 두 가지 과정에 집중했다.

첫째는 우리 시대 직장인들의 고민을 충분히 이해하고 있는, 현장에서 직장인들과 호흡을 맞추며 소통형 강의를 할 수 있는 강사들을 찾는 일이었다. 이에 우리는 인문학의 대중화에 각별한 애정과 철학을 가진 학자들을 분야별로 섭외하기 위해 최선을 다했다.

둘째로 이러한 뜻에 동의한 학자들과 기업체 인사과 직원들, 경영컨설턴트 등이 합심해서 직장인들의 관심사와 지향점에 대해 심도 깊은 조사와 논의 과정을 거쳤다. 그 결과 직장인들이 필요로 하는 인문학 키워드를 만들어냈다. 그것이 바로 혁신, 성공, 정의, 창의, 소통, 치유, 행복, 종교, 건강이라는 9개의 키워드이다.

이 책은 위 키워드에 대해 철학, 사학, 문학, 심리학, 인문지리학, 통합의학 등 여러 분야의 권위자들이 각자 전공 분야의 지식을 접목하여 인문학적으로 풀어 쓴 책이다. 이를 통해 독자들은 인문학을 바탕으로 삶을 돌아보고 자신을 재발견할 수 있을 것이다.

인문학적 질문에 대한 답안은 하나가 아니다. 이 책을 읽는 독자들이 각자에게 가장 적합한 문제해결의 답안을 마음속에 적어낼 수 있다면, 지금 이 순간 고민하고 있는 여러 문제들을 근본적으로 해결하는데 도움이 될 것이다. 끝으로 프로그램에 참여하여 인문학의 위기는 말로 해결되는 것이 아니라는 점을 행동으로 보여준 교수님들께 지면을 빌어 다시 한 번 감사드린다.

2013년 8월 〈인문학 카페〉 대표 이관호

차례

innovation

혁신

철학과 문학에
밀착하여
새로운 나를
만나다

"과거에 집착하는 사람은
새로운 것을 낯선 것, 불편한 것으로 받아들이고, 결국 변화보다 불변,
차이보다 동일성에 의존하게 된다." _니체

오늘보다는 내일이 낫기를 사람들은 원한다. 좀 더 나은 내일을 위해 생각하고 일한다. 그래서 동양의 고전 『대학』은 '날마다 새롭게 하기日新又日新'를 말한다. 오늘이 불만스런 이들뿐만 아니라 '살아 있음'을 느끼고자 하는 이들에게 내일은 다시 시작이고 희망이다. '희망'이란 오늘과는 다른 내일을 꿈꾸는 자에게만 의미가 있다고 할 때 '혁신' 혹은 '새로워짐'은 희망을 가진 인간 모두에게 해당되는 보편적인 지향점이라 할 수 있다.

그렇다면 어떻게 새로워질 것인가? 새롭고자 하는 욕구나 갈망은 누구에게나 있으나 정작 그 길을 찾기는 만만치 않아 보인다. 새로워지고 싶어도 자기에게 익숙한 것에 계속 머무르려는 경향에 지배되어 기존의 자기에게서 선뜻 벗어나지 못한다. 그래서 새로워지기와 관련해서는 '과거로 끌려가는 나'와 '미래로 나아가고자 하는 나'를 어떻게 화해시킬 것인지가 항상 관건이다.

삶을 이해하는 새로운 기준, 가벼움

쿤데라M. Kundera의 소설 『참을 수 없는 존재의 가벼움』은 전반에 걸쳐

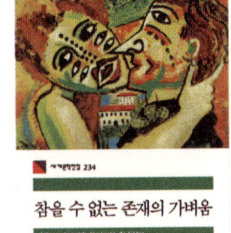

『참을 수 없는 존재의 가벼움』
네 남녀의 사랑을 통해 역사의 상처라는 무게에 짓눌려 단 한번도 '존재의 가벼움'을 느껴보지 못한 현대인의 자화상을 그려낸 소설. 끊임없이 다른 여자들을 만나는 토마시, 그를 끝까지 믿는 여자 테레자. 토마시의 연인 사비나, 자유로운 사비나에게 매료된 한 가정의 가장으로 안정된 일상을 누리던 프란츠. 생의 무거움과 가벼움 사이에서 방황하는 그들의 모습을 통해 삶의 의미와 무의미, 존재의 가벼움과 무거움 등 다양한 삶의 의미를 탐색한다.

© 민음사

'그럴 수밖에 없나?'와 '달리 될 수 있다!'라는 대화의 리듬을 기조로 한다. 그는 삶을 이해하는 데 '무거움'과 '가벼움'이라는 감성적인 분류기준을 도입함으로써 삶에 대한 종래의 이해방식에 새로운 지평을 추가한다. 무거움은 그럴 수밖에 없는 필연의 세계이고, 가벼움은 달리될 수 있는 자유의 세계이다. 무거움의 인물은 오직 하나에 얽매이지만 가벼움의 인물은 부단히 새로운 것을 찾아 나선다. 서양의 형이상학은 오랫동안 무거움의 세계를 옹호하고 강조해 온 것에 비추어 볼 때 쿤데라의 '가벼움'은 문학에서뿐만 아니라 철학에도 획기적인 의미전환을 꾀하는 데 일조하고 있는 셈이다.

철학 일반에서 무거움은 기본적으로 기억/회상의 문제와 관련된다. 기억/회상은 플라톤Platon 철학 이후 줄곧 철학의 핵심주제로 이어져 왔다. 기억은 일상에서 사용되는 의미처럼 단지 경험 내용에 대한 시간적인 후진後進의 문제가 아니다. 기억은 플라톤의 의미에서 볼 때 원래 알고 있던 것인데 지금 잊어버려 다시 상기anamnesis한다는 초월적인 의미까지 함축한다. 하지만 경험적이든 형이상학적이든 기억은 '이미 있었던 것'을 바탕으로 한다는 점에서 과거의 사건을 전제하고 지향한다는 공통점을 지닌다.

고대의 플라톤 이후 중세의 아우구스티누스 Augustinus, 그리고 고전철학의 정점인 헤겔 G. W. Friedrich Hegel에 이르기까지 기억은 사건의 필연성과 관련하여 철학적 사유의 중심에 서 있었다. 이러한 전반적인 경향은 니체 F. Wilhelm Nietzsche가 출현한 이후 달라지기 시작한다.

니체는 "과거의 기억이 머릿속에 가득 차 있으면 새로운 것을 받아들일 수 없다. 과거에 집착하는 사람은 새로운 것을 낯선 것, 불편한 것으로 받아들이고, 결국 변화보다 불변, 차이보다 동일성에 의존하게 된다"며 기억에 망각을 대비시킨다.

니체 (1844~1900)
실존주의의 선구자로 불리는 독일의 철학자이자 시인. 25세에 스위스 바젤 대학의 고전어문학교수로 임명되었고, 쇼펜하우어의 철학에 심취하여 철학적 사유에 입문했다. 생(生)의 영겁회귀(永劫回歸), 운명애(運命愛, Amor Fati) 등과 같은 독자적인 사상으로 20세기 철학사상에 지대한 영향을 미쳤다.

지금까지 철학사를 지배해 온 기억의 철학과 달리 망각의 철학은 과거로 향하는 정신의 작용을 거부하고 '과거와 단절하기'를 삶의 덕목으로 제시한다. 기억은 무겁고 필연적인데 반해, 망각은 가볍고 우연적이다. 자유가 인간에게 필수적인 항목인 한에서 세계에 대한 인간의 태도는 니체의 사유와 더불어 이제 기억에서 망각의 영역으로 넘어가게 된다.

새로운 나 만나기 프로젝트의 출발점

　망각이라고 해서 과거와의 무조건적인 단절을 뜻하지는 않는다. 초점은 단절斷絕이 아니라 분절分節에 있다. '분절'로서의 나는 '현재의 나'를 기점으로 '과거의 나'와 '미래의 나'가 연속적으로 이어져 있지 않을뿐더러 이들이 서로 불연속적으로 단절되어 있지도 않다. 분절적 특성을 지닌 나는 객관적으로는 연속적이면서도 불연속적이다. 여기서 망각은 의지적이고 의식적인 주체의 행위로서 나의 연속성보다는 불연속성에 무게 중심을 둔다. 그래야만 '과거의 나'가 '현재와 미래의 나'로 치고 들어오지 않아 새로운 나의 창출이 가능하기 때문이다. 그런 한에서 새로운 나 만나기 프로젝트는 망각의 철학을 출발점으로 삼아야 한다. 기억의 철학은 현재의 나를 정당화하는 입지점일 수는 있으나 나의 현재를 새로운 현재로 변화시킬 수 있는 준거점은 되지 못한다. '나'를 기억 속에서만 찾을 경우 '새로운 나'는 볼 수가 없다. '나'는 과거에만 갇혀 있지 않고 그것과 구별되는 다른 지평이 나에게 가능하다는 인식이 망각의 철학에는 담겨 있다. '나'는 하나의 마디가 아니라 여러 개의 마디로 구

▶ **망각의 철학** 『차라투스트라는 이렇게 말했다』에서 니체는 의식의 진보과정을 낙타, 사자, 어린아이 3단계로 나눈다. 낙타는 과거에 집착하는 일반인이다. 수동적인 인간으로 태어날 때부터 주입당한 사회의 질서나 규범 등에 억눌려 자신의 행복을 찾을 생각을 하지 못한다. 사자는 사회가 정한 성공의 기준이나 규범이 자신에게 행복을 가져다주지 않는다는 사실을 인지한 사람이다. 타인이 정한 인생을 거부하고 자신의 인생이나 행복에 대해 고민한다. 어린아이는 타인의 시선에 신경 쓰지 않고 자신이 원하는 것을 추구하는 자유로운 존재, 초인이다. 이 세 가지 인간상을 통해 니체는 기존의 가치를 망각하고 자신의 의지를 인지하고 새로운 가치를 창조할 것을 주장했다.

성되어 있다는 '나의 분절성'에 대한 생각은 기억이 아니라 망각의 철학에서 비로소 가능하다. 망각은 단절과 달리 단순히 과거를 무無로 돌리는 행위가 아니라 과거를 상대화시키는 행위이다. 그런 의미에서 과거에 나를 가두지 않는 행위이다. '나'는 연속성을 띠어 '그럴 수밖에 없는 존재'가 아니다. '나'는 불연속성을 띠어 '달리 될 수 있는 존재'이다. 새로운 나를 만나기 위해서는 나의 필연성이나 운명이 아니라 나의 우연성과 자유에 대한 인식이 선행해야 한다. 지금까지와는 다른 새로운 마디節를 형성하기 위해서는 과거에 대한 회상이나 기억에 머물 수 없다.

무엇이 새로워지기를 방해하나?

그런데 '과거에 대한 기억'을 과소평가해서는 곤란하다. 현재에 대해 과거는 단순히 시간적인 회상의 대상이 아니다. 과거는 나의 사유뿐만 아니라 나의 신체가 겪어온 전체 과정이다. 나의 생각과 몸이 지금까지 꾸준히 축적해 온 최종 결과가 지금의 나다. 현재의 내가 이 모습으로 드러나는 데에는 충분한 이유가 있다. 현재의 내가 필연의 결과라고 단정할 수는 없지만, 내가 현재 이렇게 드러나게 된 원인이 이렇게 드러나지 않을 수도 있었던 원인에 비해 큰 것만은 분명하다. 그렇지 않을 경우 현재의 나는 이렇게 나타나지 않았을 것이기 때문이다. 이러한 사실을 간과하고서는 '지금까지와는 다른 나 되기'라는 기획이 공허해질 수 있다. 사유와 신체가 동시적으로 참여하여 이룩한 현재의 나를 부정하고 새로운 나로 나아가기란 쉬운 일이 아니다. 과거의 나를 거부하고 싶어도 과거의 나는 끊임없이 나를 과거의 익숙한 나로 끌어당긴다. 그 힘은 워낙 강력하여 그것에서 벗어나고자 하는 이는 극심한 혼란과 고통에 시달리지 않을 수 없다. 소위 '습관' 혹은 '관성'의 위력을 여기에서 실감하지 않을 수 없다.

문제의 방해꾼은 다른 사람이 아닌 바로 '나'다. 오직 나 한 사람이 내가 새 길을 가는 것을 무의식중에 거부해 왔다. 왜 그랬을까? 나는 현재의 나에게 철저히 길들여져 있기 때문이다. 무언가 새로운 일이 생기는 게 귀찮다. 이미 걸어온 길에 그냥 머무는 게 자연스럽다. 문제는 '자연스러움'이다. 내가 생각하는 나의 삶에서 나에게 자연스러운 것, 나에게 어울린다고 생각하는 나의 삶의 태도와 사고방식에 스스로를 옭아매는 것이다. 과거의 나를 보면 나는 다른 삶을 살 수 있는 인물이 되지 못한다. '과거라는 틀'은 이렇게 '현재의 덫'이 된다. 새로운 나를 찾아가기에 과거의 틀은 나에게 너무나 익숙하고 자연스럽다. 새로워지기 프로젝트는 자연스럽지 않은 나를 수긍하고 수용해야 한다는 점에서 녹록치 않은 기획이다.

과거의 시각으로 현재의 나를 보면 나에게 열린 길이란 극히 제한되어 있다. 미래는 아직 오지 않아서 보이지 않는다. 세상을 이미 보아왔던 눈으로만 보는 것이 나에겐 익숙하고 편안하다. 늘 그래왔던 것으로 현재를 재단하고 판단하는 일은 일견 불가피하다. 이미 있었던 것 바깥으로 나아갈 수 있는 길이 나에게는 전혀 준비되어 있지 않기 때문이다. 그 '바깥'을 내가 알고 있다면 그건 나에게 이미 새로운 길이 아니다. 그런 의미에서 새로운 나로 향하는 길은 마치 짙은 안개를 뚫고 나아가는 일처럼 험난하고 두렵기까지 하다. 때문에 불안과 위험을 감수해야 하는 새로운 길로 선뜻 발을 들여놓을 수가 없다.

내 안의 또 다른 나를 깨우기

그렇다면 나에게 익숙한 과거와 어떻게 결별할 수 있을까? 이 물음은 새로운 나 만나기 프로젝트에서 피할 수 없는 첫 번째 관문이다. 이 관문을 통과하기 위해 우선 과거를 객관적으로 파악해야 한다. 여기서 '지금'과 '여기'의 역할이 중대하다. '지금'과 '여기'를 포괄하는 '현재'는 과거를 반성하여 새로운 지평을 여는 기점이다. 현재는 과거를 가시화함으로써, 즉 현상적으로 비교하고 판단함으로써 '문제시'한다. '현재'는 지금을 새롭게 시작할 수 있는 시발점이면서 과거에 대한 비판의 종착점이다. 과거는 이제 현재를 기점으로 새롭게 구성될 수 있다. 현재의 의미 맥락에 따라 과거는 다른 의미연관을 지니게 된다. 카E.H. Carr가 『역사란 무엇인가』에서 말하는 '역사는 현재의 역사이다'라는 명제가 여기서 의미를 갖는다.

개인의 삶도 마찬가지다. 개인의 삶의 연대기는 이제 '지금'의 관점에서 다시 쓰일 수 있다. 과거에 의미를 알지 못한 채 행했던 행위에 대해 이제 판단할 수 있다. '미네르바의 올빼미는 황혼녘에 날기 시작한다'는 헤겔 『법철학』의 말처럼 개인도 뒤돌아봄으로써 비로소 자기가 무엇을 행했는지 알게 된다. 하지만 과거의 기억은 사건에 대한 단순한 회상과

▶ **미네르바의 올빼미는 황혼녘에 날기 시작한다** 그리스신화에서 올빼미는 '지혜'의 상징으로 인간 지성이 하는 역할을 의미한다. 지혜로운 올빼미가 해가 지기를 기다리듯이 철학은 현실이 진행된 후에 현실을 해석하고 설명한다는 의미이다. 헤겔에게 철학은 역사를 이끌어 간다기보다, 역사적 사실을 차후적으로 파악하여 무의식적으로 진행된 역사 속에서의 행위에 개념적인 의미를 부여하는 활동이다.

기술記述에 불과한 것이 아니다. 프루스트가 Marcel Proust 『잃어버린 시간을 찾아서』에서 행했던 '기억의 시간'은 '이제야 비로소 나의 생각과 행동의 정체를 파악하는 계기'라는 점에서, 뒤돌아보기는 생산적이고 발견적인 행위이다. 현재의 눈으로 평가하여 새로운 나를 찾기 위한 필요조건이다. 과거를 바르게 진단해야 미래를 바르게 처방할 수 있다. 과거를 객관적으로 파악하는 일은 과거를 비판적으로 재구성하는 행위인 동시에 새로운 나를 만나는 데 필수적이다.

과거를 객관적으로 평가하여 새로운 나를 출현시키는 데에는 주목할 사항이 있다. 과거를 벗어나 있는 제 3의 눈이 존재한다는 점이다. 이 눈이 없으면 과거를 비판적으로 재구성할 수 없기 때문이다. 제 3의 눈을 통해서만 '과거의 나'가 '나의 전부'가 아니라는 반성이 가능하다. '새로운 나'를 만나기 위해서는 '지금까지 드러난 나'가 나의 전부가 아니며, 더구나 '실질적인 나'는 아직 모습을 드러내지 않고 있다는 인식이 선행돼야 한다. 그러니까 지금까지의 '나'는 나의 부분만 드러났거나 진정으로 되고 싶은 '나'는 아직 드러나지 않았다는 반성이다. 특히 후자의 경우라면 새로운 나 만나기는 단순히 '새로운 나'에 그치지 않고 '참다운 나', 내가 되고 싶은 '진짜 나'를 지향한다는 점에서 개인적인 삶의 의미와 관련해 중대한 사안이 아닐 수 없다. '현실적인 삶'이란 자기의 의지보다 타인의 의지에 따라 살아지는 경우가 적지 않아서, 나중에 가서야 내가 왜 이렇게 살게 되었나 후회하는 경우를 종종 볼 수 있기 때문이다.

잘츠만 M. Salzman의 소설 『새들은 새장 안에서도 노래한다』는 청소년 재소자를 대상으로 글쓰기를 가르치는 선생의 이야기를 담고 있다. 그는 아이들을 향해 이렇게 묻는다. "여기에 갇혀 있는 사람 이외의 너는 누구지?" 비행 청소년에게 '비행'은 그의 일부가 드러난 것에 지나지 않는다. 그의 내부에는 '비행을 저지르지 않는 다른 그'가 도사리고 있다. 그의 '나'는 지금까지와는 다른 '나'일 수 있다. 이를 위해서 그의 '나'는 '유동적이고 유연한 나'를 전제해야 한다. 나는 유연하다. '나'는 고정된 점이 아니라 '유동적인 울타리'다. 나는 구조가 아니라 과정이다. 이전과는 다른 나를 만나기 위해 나는 외부에서 '그'라고 부르는 나에 대한 고정된 관념에서 탈피해야 한다. 미드^{G.H. Mead}의 용어를 빌리면, 이제 타인의 사회적인 시선과 평가에 의해 규정된 나(me)에서 벗어나 그 밖에 있는 자연적인 나(I)를 찾아야 한다. 새로운 정체성을 찾기 위해 '그'는 이제 과거의 나와 결별하고 아직 드러나지 않은, 미개척의 나를 계발해야 한다.

진정성과 절실함

내가 나에 대해 열려 있다고 해서 새로워질 수 있는 건 아니다. 자기의 변화를 위한 진정성과 절실함 혹은 절박함이 있어야 한다. 과거의 덫은 생각보다 훨씬 무겁고 단호하다. 현재의 기분과 소망만으로 과거에서 쉽게 벗어날 수는 없다. 깊은 고뇌가 따라야 하며, 충격적인 경험이 있어야 한다. 그렇다고 고의로 사고를 낼 것이 아니라 일상적인 사태에

▶ **미드**(1863~1931) 미국의 사회심리학자 상징적 상호작용론의 창시자로 미시간 대학과 시카고 대학에서 철학과 심리학을 강의했다. 미드는 자기(Self)에 대해서 그것을 주체아(主體我:I)와 객체아(客體我:Me)로 구별한다. 주체아는 사람마다 갖고 있는 자발적이고 능동적인 자아이다. 반면 객체아는 타인의 반응으로 이루어진, 이른바 사회적 자아이다. 미드는 이 양자가 같은 자기 속에 있으면서 서로를 규제한다고 주장했다.

접해서도 그것을 자신의 삶과 관련하여 '충격적'으로 수용할 수 있어야 한다. 프래그머티즘의 창시자 퍼스C.S. Peirce는 종래의 경험주의자들의 주장과 달리, 모든 지각적인 경험이 아니라 '충격적인 경험'만이 진정한 의미의 경험이라고 말한다. 영화 〈스탠 바이 미〉에서 아이들 넷이서 영웅심에 이끌려 시체찾기에 나서지만 '시체'를 보았을 때 정작 충격을 받은 아이는 고디뿐이다. 이 일을 계기로 고디는 훌륭한 작가로 성장한다. 외부에서 낯선 사태가 동일하게 주어져도 그 사태를 '새로운 나 만나기'의 결정적인 계기로 삼는 이는 많지 않다. 철학의 참된 정신은 주어진 사태를 '놀랍게' 받아들이는 데에서 비롯한다고 할 때, 낯선 경험을 자기가 새로워질 수 있는 계기로 삼는 능력은 철학적인 삶의 필수적인 덕목이다.

낯선 것을 새로운 것으로 전환시키는 데에서 관건은 수용능력에 있다. 왜 누구는 어떤 것을 새롭게 느끼고, 누구는 그렇지 못한가? 이는 새로운 경험을 해도 그 경험을 '새로운 것'으로 수용할 수 있는 소질을 갖추고 있는 사람과 그렇지 못한 사람의 차이에서 비롯한다. 직접경험뿐만 아니라 간접경험이 새로워지기에서 요구되는 이유가 바로 여기에 있다. 독서와 학습은 그것을 통해 바로 새로운 나를 만날 수는 없어도, 새로운 나를 수용할 수 있는 텃밭을 일군다. 아무리 좋은 씨앗을 뿌려도 토양이 그 씨앗을 키울 능력을 지니지 못하면 씨앗은 성장할 수 없다.

▶ **프래그머티즘** 영국의 경험주의에서 영향을 받아 관념적이 아닌 실제 생활과의 관련 속에서 사상을 생각하는 미국적인 철학이다. 지식의 가치를 행동의 결과로 판단한다. 실용주의(實用主義)라고도 한다.

따라서 간접경험으로서의 독서는 기름진 토양을 만드는 작업이고, 이 토양은 새로운 씨앗을 틔우기 위한 선결조건인 셈이다. 독서와 학습에서 간접적으로 수반되는 '사유의 실험'도 여기에서 유용하다. 평소에 행하는 다양한 사고와 상상은 실제에서 주어지는 경험을 '내 것'으로 삼는데 밑거름이 된다. 경험을 '충격적'으로 수용할 수 있는 조건을 갖출 때에만 경험은 새로워지기 프로젝트에 유효하게 작동할 수 있다.

'나'와 '나의 욕구'는 어떻게 알 수 있을까?

새로워지기 프로젝트에 본격적으로 진입하면서 이제 '나'라는 존재의 실상에 초점을 맞춰 보자. '나'는 고정된 점이 아니라 '유동적인 울타리'라고 할 때, 새로워지기와 관련하여 '나의 유동성'이 지금 문제다. '나'는 '어떤 실체'가 아니다. 나의 정체성은 나와 대상/환경의 관계 혹은 소통을 떠나서 생각할 수 없다. 그런 의미에서 '나'는 닫혀 있지 않으며, 대상/환경과의 관계 속에 열려 있다. '나'는 특정한 대상을 지향하는 욕구체계이다. 욕구가 지향하는 대상과 무관하게 홀로 존재하는 '나'란 없다. '나의 대상지향성'으로 인해 나는 대상과의 '관계'를 떠나서 존립하지 않는다.

여기서 대상은 물리적인 것에 국한되지 않는, 내가 지향하고 있는 모든 타자를 뜻한다. 비물질적인 대상, 이를테면 심리적이고 상상적인 대상까지 포함한다. 후설E. Husserl에 따르면, 나의 의식은 항상 '~에 대한 의식'이며, 메를로 퐁티M. Merleu-Ponty에 따르면, 나의 신체는 항상 '~을 접하고 있는 신체'이다. 그런 의미에서 '~을 향하고 있지 않은 나' 혹은

'~과 이미 항상 관계하고 있지 않은 나'란 존재하지 않는다. 의식은 이미 항상 ~을 향하고 있으며, 신체는 이미 항상 ~을 접하고 있다. 따라서 자기로서의 '나'는 항상 타자지향적이고 타자상관적이다. 타자적 관계는 '나'에게 불가피하다. 타자관계의 불가피성으로 인해 '나'는 '유동적인 울타리'의 성격을 띨 수밖에 없다. '나의 욕구가 향하던 타자'의 변화는 불가피하게 '나'의 변화를 유발하기 때문이다.

나의 기질이나 성향도 대상연관성을 떠나서 생각할 수 없다. 성향이 '이기적'이라고 할 때, 그 의미는 타자관계와 무관하게 '자기'만의 독립적인 특성을 가리키는 게 아니라 '타자와 관계하는 방식'에서 자기 이익 위주로 생각하고 행위하는 경향성을 뜻한다. '내향적'이라는 심리적인 사태도 자기라는 개인에게 부착된, 다시 말해 '내향성'이라는 본질적인 요소가 '자기 안'에 내재해 있는 게 아니라 '타자 혹은 타인과의 관계'에서 발현되는 특성이다. 순전히 생물적, 구체적으로 유전자적인 혹은 신경생리학적인 물리적 요소가 있다손쳐도 그것은 어디까지나 '타자와의 관계'에서 반응하는 조건일 뿐 그 자체가 타자관계와는 무관하게 독자적으로 활동하는 실체가 아니다.

이러한 사실은 '나의 변화'와 관련하여 중대한 사실을 시사한다. '나를 변화시키자!'라는 주체적인 결심은 변화의 조건이나 동기는 될지언정 자기를 실질적으로 변화시키기에는 역부족이라는 사실이다. '나'가 타자관계에 의존적인 한에서 내가 관계하고 있는 타자가 무엇인지가 이제 관건으로 떠오르기 때문이다. '나'는 그 자체로는 무엇인지 알 수 없다. '나'는 '나의 욕구가 향하는 타자'를 통하지 않고는 그 정체를 파악할 수 없다. 타자를 향한 나의 '표현'이야말로 '나'가 무엇인지를 알게 하는 유

일한 경험적 지표이다. '표현'으로 드러나지 않은 나에 대해서는 아무 것
도 말할 수 없다. 경험적으로 드러난 나의 욕구를 통해서만 비로소 '나'
에 대해 말할 수 있다. '나'란 '내가 표현한 것'이다. 표현은 나다. '표현'
은 내가 무엇인지 이해하게 한다. 따라서 타자를 향한 나의 표현이 무엇
인지를 파악하는 일은 내가 무엇인지를 파악할 수 있게 하는 지표이다.

나는 나를 어떻게 표현하고 살아가는가?

　표현은 한자어의 '表-現'이나 영어의 'ex-press', 그리고 독일어의
'aus-drücken'에서 드러나듯이 '밖으로 밀어내는 행위'이다. 그런데
'표현'에는 '속의 것을 밖으로 드러낸다'는 의미에서 주로 '속의 의지'에
초점을 맞추나, 실은 '나의 욕구가 향하는 대상'과의 관계를 떠나서 '표
현'이 독자적으로 존립할 수 없다. '표현'은 '나를' 밖으로 드러낸다는 사
실 못지않게, 나를 '밖으로' 드러낸다는 사실 또한 함축한다. 따라서 나
의 표현은 타자와의 소통을 전제한다. 즉 '나는 무엇을 표현하나?'는 '나
는 어떤 타자와 소통하고 있나?'와 다르지 않다. 표현을 소통의 문제로
전환하는 순간 욕구의 출처와 욕구의 대상이 하나의 지평에서 만나게
된다. '나'라고 하는 추상적이고 모호한 욕구는 대상과의 관계를 통해 구
체적으로 모습을 드러낸다. '나'는 나 밖의 대상 혹은 타자를 향하는 한
에서만 구체적인 욕구로서 의미를 지닐 수 있다.

　이제 타자를 향하고 있는 나의 욕구는 내가 어떤 타자와 소통하고 있
는가, 하는 문제로 전환된다. 이 전환은 나를 새롭게 하는 전략으로서
중요한 단서를 제공한다. 이를 계기로 추상적이고 모호한 나에서 벗어

나 구체적인 나를 만날 수 있기 때문이다. 나는 어떤 타자와 소통해 왔나? 내가 소통해 온 타자는 나와는 별도로 존재하는 이종異種적인 것이 아니라 나와 불가분의 관계에 있는 동종同種적인 것이다. 과장해서 말하면 그 타자는 또 다른 나 혹은 나의 분신이다. 나의 욕구가 투사된 대상이기 때문이다. 그래서 내가 관심을 가져온 대상을 살피는 일은 단순히 나의 과거의 나열이 아니라 현재의 나의 정체를 밝히는 근거다. 대상/타자 관계가 수반되지 않는 '나' 그 자체는 공허하다. '나의 나임self-identity'은 타자적인 경험과 무관하게 주장될 수 있는 실재reality가 아니다. '나'는 내 주변에 내가 상관해 온 혹은 상관하고 있는 대상을 매개로 해서만 실재적인 의미체일 수 있다.

요컨대 '나를 변화시키는 문제'는 내 안에 무엇이 있는가를 확인하는 일이고, 내 안에 무엇이 있는지는 타자적인 경험을 통하지 않고서 미리 알 수 없다. 따라서 '자기 알기'는 자기가 과거에 무엇을 욕구해 왔으며, 현재 무엇을 욕구하는지, 그리고 그 욕구가 구체적으로 어떤 대상으로 표현되었는지를 살피는 일에서 시작해야 한다. 자기의 과거와 현재를 돌아보아 자기가 관계해 온 타자의 목록을 적는 일이 여기서 긴요하다. 빠짐없이 적을 수는 없어도 자기 삶에서 의미있는 핵심사항들은 어느 정도 기억해 낼 수 있다. 연대기의 성격을 띤 그 목록은 내가 지금까지 무엇을 좋아했으며 무엇에 지배되어 왔는지를 파악하는 데 그치지 않고 '나는 무엇인가'를 해명하기 위한 열쇠가 될 수 있다. 나의 욕구가 향했던 혹은 향하는 관심과 소통의 대상은 지금까지의 나를 지배해 온 생각의 틀의 성격을 규명하는 결정적인 단서를 제공한다. 예를 들어 어떤 친구를 만났나 혹은 만나고 있나? 어떤 물건에 애착을 가져왔나? 내 방에는 어떤 물건들이 들어서 있나? 어떤 일을 하는 데 시간을 보냈나? 어떤 음악을 즐겨 듣나? 어떤 그림을 좋아하나? 등등 자기의 마음과 욕구가 향한 사항들을 열거하다 보면 '나'는 서서히 정체를 드러낸다.

무엇을 버리고 무엇을 취할 것인가?

새로워지기는 기본적으로 현재의 불만스러운 나에서 벗어나 내가 원하는 나를 찾아가는 행위이다. 그 점에서 새로워지기는 '자기 되기'와 밀접하게 관련되어 있다. 현재의 나에 대한 불만이 새로워지고자 하는 욕구로 연결되는 한에서 '자기 되기'는 새로워지기의 동기이면서 목표일 수 있다. '지금까지 길들여져 드러난 나'에서 탈피하여 '아직 드러나지 않은 나'를 만나기가 이제 과제로 등장한다. 잠재해 있었으면서도 아직까지 드러나지 않고 있는 나를 만나기 위하여 나는 '새로운 나'를 욕구한다. 그런데 과연 어떤 욕구가 새로운 욕구인가? 새로운 욕구가 무엇인지를 어떻게 알 수 있나?

"지금까지 무엇하느라 내 모든 에너지를 소비한 거지? 그것도 내 삶에 아무런 변화도 일어나지 않게 하느라고. 진정한 사랑이란 시간에 따라 변모하고, 성장하고, 계속 새로운 표현 방식들을 찾아낸다는 걸 그녀도 알고는 있었지만, 부모가 어린아이였던 그녀를 사랑한 것처럼 계속 사랑할 수 있도록 그녀는 자신의 욕망 대부분을 희생시켰다." _문학동네, 2001

코엘료 Paulo Coelho의 소설 『베로니카 죽기로 결심하다』에 나오는 대목이다. 대다수 인간은 자기의 욕망을 타인의 욕망에 양도하여 희생하는 삶을 산다. 내 삶을 내 뜻대로 살기는 항상 만만치 않다. 부모와 선생과 사회의 욕구 앞에서 '나의 욕구'는 부차적으로 취급된다.

인간은 태어나는 순간부터 타인들이 만들어 놓은 틀 속에 갇혀 그들의 욕구에 따르면서 삶을 시작한다. 그러다가 사춘기에 처음으로 '나'라고 하는 자의식이 고개를 들고 일어선다. 사춘기 시절의 반항은 타인의 욕구에 저항하여 '나의 욕구'를 주장하는 최초의 시그널이다. 타인들의 거대한 욕구체계에 대하여 나의 작은 욕구를 처음으로, 그렇지만 다소 무모하게 충돌시킨다. 하지만 이러한 충돌사태야말로 모든 인간이 '나'를 지키고 찾고자 하는 데 따른 불가결하고 보편적인 현상이다. 미국의 LED 설치미술가 홀저 J. Holzer는 뉴욕의 타임 스퀘어 광장에 있는 전광판에 다음과 같은 글귀를 띄웠다. "Protect me from what I want!" 이 문구 앞에서 출근길의 뉴요커들은 바쁜 발걸음을 멈춘다. '내가 원하는 것

「베로니카 죽기로 결심하다」

베로니카는 메마른 일상에 빠져 인생의 꿈을 잃어버린 인물. 마침내 그녀는 삶을 버리고자 결심한다. 수면제를 들이키고 다시 눈을 뜬 곳은 정신병원 '빌레트'. 그곳에서 그녀는 세상에서는 만날 수 없는 '다른' 사람들을 만나게 된다. 다른 사람들을 통해 그녀는 삶의 갈구와 살아 있음이 주는 위대함에 눈뜨게 된다. 베로니카를 통해 우리는 생각하게 된다. 내가 아는 '나'와 내 속에 있는 '나'는 다르구나. 또한 사람들이 '나'라고 인정하는 것과 내가 아는 '나' 또한 다르구나. 진정한 '나'는 따로 존재함에도 불구하고, 우리들은 '나'의 삶을 사는 것이 아니라 다른 누군가의 눈에 비치는 '나'를 위해 살고 있음을 느끼게 해주는 소설이다.

© 문학동네

으로부터 나를 보호하라!' 대체 무슨 뜻이지? 그들은 그 말뜻을 생각하다가 곧 깨닫는다. '지금 내가 원하는 것'은 과연 진실로 내가 원하는 것인가? 지금의 내 욕구는 타인에 의해 조장되고 강요된 욕구가 아닌가? 그래서 흘저는 말한다. "I breathe your breath." 나는 너의 숨을 쉰다. 나의 욕구를 누가 결정하는가? 타인의 욕구가 나의 욕구에 선행하지 않는가? 타인의 욕구에 따라 사는 삶은 이제 종식되어야 하지 않는가? 이를테면 엄마의 욕구에 내 삶을 맡길 수는 없지 않은가? 하지만 과연 무엇이 타인에 의해 조장된 나의 욕구이고, 무엇이 타인의 욕구에 의해 침해받지 않은 내 고유의 욕구란 말인가?

나의 욕구와 타인의 욕구는 사실 모호하게 뒤엉켜 있어 구별하기가 쉽지 않다. 하지만 나에게 뿌듯하고 보람있게 여겨지는 행위와 그렇지 않은 행위를 구별하기는 어렵지 않다. 새로운 나 만나기 프로젝트는 자신이 생각하기에 '내가 보고 싶은 나'는 무엇인가, 하는 문제와 직결되어 있다. 나는 어떤 일을 하고 있는 나를 보고 싶은가? 이 물음에 대해 현재 자신이 반복적으로 행하고 있는 자기를 보는 것이 탐탁지 않다면 그건 자기가 바라는 자기에 따라 사는 삶이 아니다. 여기서 이제 새로운 나를 만나기 위한 프로젝트의 초점은 내가 타인의 욕구에 맞추어 사는가 그렇지 않은가가 아니라 비록 타인에 의해 조장된 행위일지라도 자신에게 그 행위가 만족스러운가 그렇지 않은가 하는 것이다. 따라서 '내가 관계하는 대상 가운데 무엇을 버리고 취할 것인가'를 파악하는 일은 새로운 나 만나기에서 필수적인 사항이 아닐 수 없다.

이제 '나의 대상관계'를 비판적으로 선별할 필요가 있다. 내가 사용하고 있는 시간 가운데 나의 욕구와 상관없이 흘러가는 시간은 무엇인가?

내가 속한 공간은 어떤 점이 마음에 들지 않나? 내가 알고 지내는 사람 가운데 부질없이 상대의 필요에 따라 만나는 경우는 없는가? 우연히 끼어들어 내 주변을 채우고 있는 물건들은 무엇인가? 내 주변의 사람과 사물 그리고 내가 사용하는 시간을 새로운 시각에서 바라볼 필요가 있다. 이 과정은 일종의 '쓰레기통 비우기'다. 내가 새로워지기 위해서는 주변정리를 해야 하고, 그러기 위해서는 주변환경의 요소들과 선택적으로 관계할 필요가 있다. 아무런 뜻 없이 방치되어 있거나, 있어도 내가 원하는 삶의 내용에 어긋나는 요소들을 차분히 걷어낼 수 있어야 한다. 새로워지기는 이렇게 내 주변/환경에 있는 것들에 대한 반성과 걸러내기에서 출발한다. 내 주위에 있는 것들 가운데 내가 원하는 삶의 방향에 일치하는 것은 그대로 두고 그 방향에 위배된다고 판단되는 것은 빼내야 한다. 이러한 선별행위는 '내가 원하는 삶'이라는 기준에 따른 필터링 작업으로서, 새로운 대상/타자와 '새로운 나'가 들어설 수 있는 공간을 마련하는 일이기도 하다.

독서와 사색으로 세계와 관계하는 나의 틀 바꾸기

하지만 기존의 것들 가운데 내가 원하는 나의 삶에 부합하는 것을 취한다고 해서 자동으로 새로운 나를 만날 수 있는 건 아니다. 새로운 나를 위해서는 기존의 것을 보존하는 소극적인 태도를 넘어서 아직 드러나지 않은 나를 계발하는 적극적인 행위가 요구된다. 그렇다면 '아직 드러나지 않은 나'를 어떻게 드러나게 할 것인가? 이를 위해서는 새로운 경험이 필요하다. 무언가를 새롭게 경험하지 않고서 '감추어져 있던 나'

를 만날 수 있는 길은 없다. 새로운 경험에 대하여 나를 활짝 열어놓아야 하는 이유가 여기에 있다. 내가 열려 있지 않고는 내 안의 새로운 내가 발현될 수 있는 동기가 부여되지 않는다. '내 안에 무엇이 감춰져 있는지'는 선험적으로 판단할 수 없다. 외부의 자극 없이, 외부의 타자와의 관계에 무관하게 내부의 요소가 자동으로 발현되지는 않는다. 자기 안에 없는 것은 밖으로 드러날 수 없으며, 자기 안에 있는 것은 외부의 자극, 즉 경험에 의해서만 밖으로 드러날 수 있다. 내가 무엇을 좋아하고 잘할 수 있는지는 경험 이전에 미리 알 수 없기 때문에 나의 새로운 취향과 능력을 알기 위해서는 나에게 주어진 것들 가운데 현실적으로 접근이 가능한 것들을 하나하나 경험해 보아야 한다. 경험하기 이전에는 내 안에 어떤 새로운 가능성이 있는지 예단할 수 없다. 음식을 먹어 보기 전에 내가 어떤 음식을 좋아하는지 어떻게 알 수 있겠는가?

그런데 '경험'이라고 해서 직접적인 경험만을 생각하면 안 된다. 나의 변화 가운데 가장 핵심적인 것이 나의 세계관, 다시 말해 세계를 바라보는 관점 혹은 틀의 변화이다. 새로운 나를 만나는 데에서 가장 중요한 '세계와 관계하는 나의 틀 바꾸기'를 위해서는 새로운 인문서적의 독서와 사색이 대안일 수 있다. 자신이 지금까지 견지해 오던 관점을 바꾸기란 결코 쉽지 않다. 하지만 틀을 바꾸지 않고 질적으로 새로운 자기를 만나기는 어렵다. 새로워지기 위해서는 독서를 편식하는 습관에서 벗어나야 한다. 지금까지 자신이 선호하던 책의 목록을 바꿔 볼 필요가 있다. 새로운 성격과 내용의 인문서적을 통하여 지금까지와는 다른 시각에서 사태를 파악하는 연습을 할 수 있다. 자신에게 흥미를 유발하던 책의 종류를 바꾸어 독서 환경을 바꿈으로써 자신의 사고가 지향하는 지

책 읽는 여인

그웬 존 | 1910~11년 | 캔버스에 유채 | 46.3×25.4cm | 테이트 미술관

점을 재고할 수 있을뿐더러, 그럼으로써 자기 안에 가능태로만 자리 잡고 있던 틀이 새롭게 발현될 수 있는 기회를 얻을 수 있다.

자신이 지향하는 일에 몸을 밀착시키자

그러나 '세상을 바라보는 나의 틀'이 다양한 독서만으로 쉽게 바뀌리라 기대하는 것은 섣부른 생각이다. 독서 그 자체는 사고의 활동일 따름이다. 두꺼운 고전 소설 한 권을 읽고 나서, 그 책의 주인공에 매료되어 그처럼 세상을 보고 행동하리라 마음을 먹는다고 해서 바로 그처럼 되는 것은 아니다. 문제는 신체의 변화다. '새로운 생각'을 접했다고 해서 바로 '새로운 생각의 틀'을 갖게 되지는 않는다.

내가 세계와 만나는 방식으로서의 틀은 단순히 정신의 영역에만 국한되지 않고 신체의 영역까지 함축한다. 다시 말하면 '새로운 틀'에는 정신의 논리뿐만 아니라 신체의 논리도 동행해야 한다. 우리는 주위에서 '새롭게 아는 것은 많은데 행동에는 아무런 변화가 없는 이들'을 숱하게 보게 된다. 지식은 지식일 뿐이다. 지식 자체가 직접적으로 '나'를 변화시키지는 않는다. 신체의 변화가 수반되지 않으면 진정한 의미에서 '나의 변화'를 말할 수 없다. 지식의 변화가 신체적 활동으로까지 이어지지 않으면 '나의 변화'라고 말할 수 없다.

독서는 그 자체로 나에게 위협적이지 않다. 위협적이지 않다는 것은 나에게 독서가 정신적인 긴장을 요구하기는 하지만 신체적인 고통까지 요구하지는 않기 때문에, 나는 책을 읽으면서 신체적인 위험을 감수할 필요까지는 없다는 것이다. 독서는 결국 '온실'에서 행해지는 변화의 시도이다. 여기서 온실 밖으로 나와 야전에서의 생활을 접할 필요가 있다. 다시 말해 현실과의 신체적인 접촉이 필수적으로 요구된다. 새로운 대상에의 신체적인 밀착密着이 따라야 한다. 밀착은 나의 변화에서 요구되는 실천적인 덕목이다. 신체적인 밀착은 물리적인 대상과 만나야 한다는 점에서 독서에서 요구되는 심리적인 긴장, 그리고 그에 따른 안전지대에서의 자기실험과 다르다. 새로운 대상에의 신체적인 밀착에는 심리적인 긴장 이외에 신체적인 고통과 위험이 따르고 또한 이를 감수해야 한다. 머릿속의 생각은 쉽게 움직일 수 있으나 몸은 쉽게 움직이지 않는다. 머리는 부지런하나 몸은 게으르다. 몸의 움직임은 머리보다 불편과 고통을 더 요구하기 때문이다. 내 몸이 부지런하지 않고 내가 새로워질 수 있는 길은 없다.

새로운 나를 만나기 위해 나는 신체적인 불편과 위험을 감수하면서 새로운 대상과 관계를 맺는 용기가 필요하다. 대상과의 새로운 관계정립에서 떨쳐내야 할 것은 '두려움'이다. 두려움은 정체를 알 수 없는 낯선 것에서 오는데, 낯선 것을 처음부터 기피하는 순간 새로운 것을 접할 수 있는 기회는 사라진다. 낯선 것에 대한 두려움은 본질적으로 아직 접하지 않은 것에 대한 인간의 상상력에서 비롯한다. 상상력은 정체불명자에 대해 실제 이상으로 크게 부풀리는 경향이 있다. 대상으로서의 타자가 무엇인지 알 수 없다는 무지無知 앞에서 인간은 그 타자를 해괴한 괴물로 만들어 놓고 그 앞에서 두려워한다. 인간의 상상력은 새로운 것을 창출해내는 원동력이지만, 다른 한편으로는 사태를 불필요하게 확대시키는 주범이기도 하다. 새로워지기 위해 낯선 타자와의 만남이 불가피하다면, 자신의 상상력이 만들어낸 허상 앞에서 떠는 것은 어리석다.

세계는 우리가 생각하는 것만큼 위험하지 않다. '그것'이 나에게는 낯설지만 대개의 경우 이미 많은 사람들에 의해 검증을 거친 결과로 모습을 드러낸 것이어서, 단지 내가 모른다는 이유로 그것에 거부감을 느낄 필요는 없다. 자신의 상상이 만들어낸 거대한 괴물은 막상 만나보면 충분히 상대할 만한 것이라는 사실을 나중에 확인하게 될 것이다. 세상 일은 대부분 안 해서 못하는 것이지 못해서 안 하는 게 아니다.

타자에게 신체적으로 접근해 가는 일은 내가 생각하거나 상상하는 것만큼 엄청난 일이 아니다. 내가 원하는 나를 만나기 위해 필요한 타자에게 신체적으로 접근하는 일을 지나치게 어렵게 생각하여 두려워할 필요는 없다. 예를 들어 자신이 훌륭한 뮤지컬 배우가 되고 싶으면 이미 뮤지컬 분야에서 두각을 드러내고 있는 선배나 선생을 직접 찾아가 만나 볼 수 있다. 물론 자기 관심 분야의 최고 권위자에게 시간을 내달라고 하기는 쉽지 않다. 하지만 나의 뜻과 의지가 확실하고 절실하다면 이룰 수 없는 꿈이 아니다.

아무리 대단해 보이는 인물에게도 틈이 있게 마련이다. 틈이 있어야 활동이 가능하기 때문이다. 그 틈을 노리면 접근이 가능하다. 문제는 열정이고, 열정을 실현시켜 나가는 실천력이다. 자신이 지향하는 일에 몸을 붙여감으로써만 새로운 나를 만날 수 있다.

새로운 나를 만나기 위해 나는 '지금' 무얼 하고 있는가?

삶에서 좌절해도 좋은 건 단 하나뿐이다. 새로워지고자 하는 이가 마지막까지 붙들고 있어야 할 사항도 단 한 가지다. 나는 내가 하고 싶고 또 해야 한다고 생각하는 일을 위해 '지금' 무언가를 구체적으로 행하고 있는가? 이 물음에 대해 '아니오!'라고 말하는 이는 좌절해도 좋다. 이 좌절은 '생산적인 좌절'이다. 하지만 자신에게 현재 주어진 상태에 좌절하는 것은 '비생산적인 좌절'이다. 사람들은 대개 자신이 처한 상태에 대해 낙심하고 좌절한다. 나는 왜 가난한가? 나는 왜 몸이 약한가? 나는 왜 공부를 못할까? 나는 왜 뚱뚱할까? 자신이 처한 이러한 현실에 대해 불만을 품을 수는 있다. 하지만 이게 좌절의 대상은 아니다. 정확히 말하면, 이건 비생산적인 좌절이다. 왜 비생산적인가? 좌절이 주어진 현실 혹은 상태를 바꾸는 데 아무 역할을 하지 못하기 때문이다. 좌절이 새로운 자기로 나아가는 데 기여할 수 있을 때에만 좌절은 좌절로서 의미가 있다. 그래서 좌절의 대상은 자신이 처한 현실 혹은 상태가 아니라 그 현실을 바꾸기 위한 자신의 활동 혹은 행위이다. 자신의 행위에 대한 좌절만이 생산적이다. 가난한 상태가 좌절할 게 아니라 가난을 벗어나기 위해 아무 활동도 하지 않는 게 좌절할 일이며, 몸이 약한 상태가 좌절할 거리가 아니라 건강을 위해 자신이 어떤 노력을 하지 않고 있는 게 좌절할 일이고, 공부를 못하는 게 좌절의 대상이 아니라 공부를 잘 하기 위해 애를 쓰지 않는 게 좌절할 일이다. 마찬가지로 비만 자체가 문제가 아니라 다이어트를 위해 현재 아무것도 하지 않고 있다는 게 문제다.

좌절해도 좋은 것은 현재의 좋지 않은 상태가 아니라 이 상태에서 벗어나기 위해 내가 지금 구체적으로 활동하지 않는 것이다. 문제는 '상태'가 아니라 활동이다. 가난하다, 아프다, 뚱뚱하다, 공부를 못한다 등은 그 자체로는 '주어진 상태'로서 이 상태는 지금 당장 변화시킬 수 있는 성질의 것이 아니다. 주어진 상태에 대해 좌절할 수는 있으나 그건 생산적이지 않다. 나의 의지로 당장 변화시킬 수 없는 상태에 대해 좌절하는 건 어리석다. 나의 의지로 바꿀 수 있는 것에 대해 좌절할 때에만 좌절은 좌절로서 가치가 있고 생산적이다. 좌절은 나의 의지적 활동을 통해 희망적으로 전환할 수 있을 때에만 유의미하다. 소아마비로 태어난 자가 그 사실 자체로 좌절한다면 그건 어리석은 일이다. 자신이 처한 상황을 자신의 의지로 당장 바꿀 수 없기 때문이다. 마찬가지로 태어날 때부터 가난한 사람에게 가난 그 자체가 불편하고 불만족스러울 수는 있으나 그게 좌절의 이유가 될 수는 없다. 상황 자체를 당장 변화시킬 수 없기 때문이다. 극단적인 예로, 죽음은 인간의 의지로 거부할 수 없는 사태로서 이에 대해서 좌절한다해도 사태를 변화시키는 데 아무 영향을 끼칠 수 없으므로 생산적인 좌절의 대상일 수 없다. 나의 의지로 변화시킬 수 있는 사항에 대해서만 긍정적인 의미에서 좌절이 허용된다. 따라서 불만스럽게 주어진 현재의 상태가 아니라 이 상태에서 벗어나기 위해 내가 지금 어떤 노력을 기울이고 있는지가 항상 관건이다. 주어진 현실이 아무리 불만족스럽더라도 그걸 일단 인정해야만 새로운 나를 형성해 갈 수 있고, 이 형성과정에서 오직 나의 행동만이 관건이 된다.

새로워지고자 하는 자는 현재의 자기 행위가 새로워지고자 하는 목적을 향하고 있는지 항상 물어야 한다. 새로워지기 위해 '지금 여기'에서 나는 무얼 행하고 있는가? 이 물음에 대해 구체적으로 답변할 수 있어야 한다. '나의 변화'는 '나와 대상의 관계의 변화'에 의존한다. '나와 대상의 관계의 변화'는 '대상에 대한 나의 태도의 변화'로 이어지고, 이를 통해 나는 변화하게 된다. 대상에 대한 나의 태도가 얼마나 바뀔 수 있느냐는 결국 내가 대상을 향해 나의 신체를 밀착하여 얼마나 실질적으로 행위하느냐에 달려 있다. 영어책을 구입했다는 사실은 영어를 잘 할 수 있는 조건을 마련한 것일 뿐, 그렇다고 해서 영어를 잘할 수 있게 된 것은 아니다. 영어책에 구체적으로 몸을 붙여 학습하지 않으면 나는 결코 영어를 잘 할 수 없다. 이렇게 나의 신체를 대상에 밀착시킴으로써만 나는 새로운 나를 만날 수 있다.

주변의 사물을 재배치해 보자

"세계를 전적으로 새로운 눈으로 본다는 것은 새로운 관계를 창조한다는 것이다." 사진작가 모호이너지 Laszlo Moholy-Nagy의 말이다. 관계를 새롭게 한다는 것! 나와 그것 사이에 새로운 관계를 정립하는 것이면서 그것들 사이에 새로운 관계를 맺게 하는 일이다. 사진작가 니나 카차두리안 Nina Katchadourian은 비행기 내의 화장실에 비치된 휴지와 수건을 이용하여 15세기 네덜란드 풍의 초상화를 연출해 냈다. 새로운 장소에서 새로운 결합을 통해 새로운 이미지가 출현하는 순간이었다.

나의 변화는 나의 결심에만 의존하지 않는다. 내가 이미 대상 혹은 타자와의 관계 속에 놓여 있는 한 나의 변화는 내 주위의 사물과 인물의 재배치 혹은 새로운 관계의 설정을 통해 효과적으로 실현할 수 있다.

▶ **니나 카차두리안** 사진작가 겸 예술가. 2010년 3월 미국 국내선 항공기를 타고 이동하던 중 기내 화장실에서 한 장씩 꺼내 쓸 수 있는 변기 커버를 쓴 자신의 모습을 촬영했다. 처음에는 무료함을 달래려고 시작했지만 나중에는 작품 활동의 일환이 되었다. 기내용 목 베개, 수건, 변기 커버, 휴지 등을 머리에 쓰거나 목에 두른 모습은 〈플랑드르 스타일로 찍은 화장실 자화상〉 시리즈로 많은 관심을 받았다.

무엇을 어떻게 재배치하여 새로운 관계를 설정할 것인가? 이는 영역을 나누어 새로운 영역을 개척하는 길과 영역은 바꾸지 않은 채 그 안에서 구성요소를 바꾸는 방식으로 진행될 수 있다. 음악 애호가가 미술에 관심을 가질 수 있으며, 대중음악 애호가가 클래식 음악에 관심을 돌릴 수 있다. 이렇게 영역 자체에 변화를 꾀하는 것은 취미활동을 확대한다는 양적인 변화만을 의미하지 않는다. 음악에서 미술로 영역이 확대되면 지금까지 충분히 발휘되지 않았던 시각기능의 활동을 통해 사고 자체뿐만 아니라 세계와 관계하는 방식에서 변화를 일으키게 된다. 형태와 색채에 대해 예민해지면서 옷이나 인테리어 등 자신의 일상에 새로운 변화를 일으킬 수 있다. 또한 클래식 음악에 새롭게 발을 들여놓음으로써 대중음악 세계에 익숙하던 귀와는 다른 새로운 청각의 세계를 경험하게 된다. 이 경험은 단지 새로운 음향의 세계에 입문하는 데 그치지 않고 예전과는 구별되는 새로운 감성과 지성의 세계를 열게 된다.

무엇보다 자신의 생각의 틀을 바꾸는 데에는 지금까지 접하지 않았지만 자신의 욕구가 알게 모르게 지향하던 책들로 자신의 책장을 꾸밀 필요가 있다. 특히 인문고전으로 인정된 문학작품 가운데 우선적으로 관심이 가는 작품들을 구입할 필요가 있다. 특별히 '문학적인 고전'을 권하는 이유는 '고전'이란 인류의 역사에서 전문가들에 의해 충분히 평가되었기 때문에 신뢰할 수 있으며, 또한 다른 인문학 저술에 비해 가독성이 높고 개인의 구체적인 삶의 문제를 심도 있게 파헤치고 있어서, 현재의 나를 비추어보고 새로운 나를 구상하는 데 훌륭한 조언자 역할을 하기 때문이다. 그런데 문학작품을 읽으면서 주목해야 할 중대한 사항이 있다. 작품에서 사용되는 '작가의 언어'이다. 각각의 문학작품은 작가 고유의 언어를 매개로 자기의 세계관을 표현한다. 작가의 사유를 드러내는 그의 언어와 교감하면서 작가가 생산해 내는 새로운 언어를 자기 것으로 삼을 필요가 있다. 언어는 단순히 표현의 도구나 소통의 수단이 아니다. 언어는 내가 세계와 만나는 창구다. 나의 언어가 빈곤하거나 편협하면 그만큼 내가 세계와 관계할 수 있는 여지는 줄어든다. 그런 한에서 문학작품을 통한 새로운 언어의 습득은 내가 구사할 수 있는 언어의 확장에 머물지 않고 내가 세계를 새롭게 인식하고 경험할 수 있는 지평의 확대를 의미한다. 새로운 언어의 구사는 새로운 나를 만든다.

하지만 이렇게 의도적인 노력만이 '새로운 나 만나기'의 접근방법은 아니다. 의도하지 않은 채 순전히 우연에 맡기는 길도 생각할 수 있다. 예를 들어 새로운 음악을 접하고 싶은 사람은 '어떤 새로운 음악'이 있는지 알지 못한다. 이러한 무지無知를 자신에게 유리하게 활용할 수 있다. '새로운 것'은 그 자체로 적어도 나의 의식에는 전적으로 닫혀 있다. 그렇지 않다면 새로운 것일 수 없다. 음반 가게에 들러 자신이 평소에 갖고 싶어하던 음반을 구입하면서, 한편으로는 자신이 한 번도 접하지 못한 낯선 음반들에게 시선을 돌릴 수 있다. 자신에게 익숙한 장르의 음악과는 상반되는 장르의 음악도 들어보자. 이들 음반은 대개의 경우 처음에는 거부감이 들 수 있지만, 낯선 것이 자신에게 친근하게 다가오는 경우도 적지 않다. 아프리카나 남미 혹은 인도나 이슬람권의 음반에서 예기치 않게 새로운 음색을 발견할 수 있고, 운이 좋으면 그 음악이 마음에 들 수도 있다. 새로운 나를 만나는 순간이다. 서양음악에 익숙해진 귀에 이번에는 한국의 전통음악을 들려줄 수 있다. 처음에는 낯설어 어색할 수 있으나 몇 차례 반복해서 듣다 보면 자신도 모르게 친밀감을 느낄 수 있다. 여기서 같은 것의 반복을 대신하여 다른 것의 반복이 효과를 발휘한다. 이런 방식으로 지금까지 외부의 주입과 교육으로 편향된 취향에서 벗어나 자기 안에 감추어져 있던 새로운 청각을 일깨울 수 있다. 새로운 감각은 이처럼 우연히 다가올 수 있고 이를 위해 나는 '낯선 것'에 대해 부단히 개방적이고 우호적일 필요가 있다.

내 주위에는 어떤 사람이 있나?

새로워지기 위하여 일상에서 행해야 할 가장 중요한 일은 내 주위의 사람들을 점검하여 바꾸는 일이다. 나의 주위에는 누가 있는가? '사람 관계'가 항상 문제다. 사람의 언어와 행위는 나에게 직접적으로 영향을 미치기 때문이다. 사물은 의지를 갖지 않은 고요한 의미체이나 사람은 의지를 가진 움직이는 의미체이다. 내 주위의 '그'가 누구인가는 '나'는 누구인가를 판단하게 한다. 그런 한에서 나의 인간관계는 내가 새로워지는 데에서 핵심적으로 검토해야 할 사항이다. 내가 가깝게 접촉하고 있는 인물들은 누구인가? 그들은 어떤 성향의 인물인가? 무엇이 우리를 서로 만나게 하는가? 그들은 계속해서 내 옆에 있어도 좋은가? 그들 가운데 나를 새롭게 하는 데 방해가 되는 인물은 없는가? 나를 새롭게 하기가 나의 심리적인 결단에만 의존하지 않고 나를 둘러싼 환경과 밀접히 관련되어 있는 한에서 내 주위 인물의 선별적인 교체는 필수적이다.

새로워지고 싶은 나에게 어울리지 않는 인물과는 거리를 유지하고, 어울리는 인물은 그대로 유지하면서 동시에 새로워지고 싶은 나의 생각과 행동을 강화하는 데 도움이 될 수 있는 인물을 내 삶의 울타리에 새롭게 추가한다. 새로운 인물이 내 울타리 안에 들어와 내 옆에 있게 되는 순간부터 나는 달라지지 않을 수 없다. '타자'로서의 그에 맞는 태도를 새롭게 익혀야 하기 때문이다. 내가 누구랑 가까이 지내는가는 내가 어떤 삶을 살고 있는가를 결정한다. 그래서 한 개인을 판단할 때 '그의 친구를 보라!'고 말하지 않는가? 가족을 제외하고는 자기의 의지로 주변 인물을 바꿀 수 있다. 단지 오래전부터 알고 지낸 사이라는 이유로 상대를 계속 만나는 관성에 따르는 태도는 새로워지기 프로젝트에 위배된다. 내 주위 타인의 행위는 내 행위의 가능 범위를 구체적으로 설정한다. 내 주위를 살펴 자신이 새로워지는 데 걸림돌과 디딤돌이 될 인물을 조심스레 판별하여 '나의 울타리'를 새롭게 구성하는 용기와 실천이 필요하다. 나의 주위에 포진해 있는 인물이 누군가에 따라 새로운 나 만나기 프로젝트의 향방이 결정될 것이기 때문이다.

 유헌식

사회학과 철학을 공부했지만 문학과 예술 전반을 기웃거리며 다닌다. 인문학의 대중화를 위해 철학적 사유를 일상의 삶과 연결시키고자 애쓰고 있다. 연세대 사회학과와 연세대 대학원에서 철학을 공부하고 독일 프랑크푸르트 괴테 대학에서 철학박사를 받았다. 한국 헤겔학회 부회장이자 단국대 철학과 교수이다. 『역사이성과 자기혁신』, 『텍스트로 철학하기 1_호수에 비친 달은 외로울까』, 『텍스트로 철학하기 2_흔들려야 날갯짓한다』, 『텍스트로 철학하기 3_죽음아 날 살려라』, 『한국인의 일상행위에 나타난 의미구조 연구』 등을 집필했다.

success

02

성공

셰익스피어
비극의
주인공들에게
가치 있는 삶을 묻다

"계속 단 것을 먹으면 단맛을 잃게 되지요."
_〈헨리 4세 1부〉 3막 2장 71~73행

어느 해 가을이 저무는 뉴욕의 오후, 엠파이어스테이트 빌딩 전망대에서 바라본 맨해튼의 풍광은 장관이었다. 멀리 대서양에서 달려온 석양빛은 허드슨 강 하구 수면에 반짝반짝 일렁이다가 이내 도심의 빌딩 숲으로 다가왔다. 사방으로 높이 솟은 고층 빌딩들이 붉은 노을을 맞이하며 보석처럼 반짝였다. 눈앞에 펼쳐진 눈부신 전경全景을 보고 있자니 감탄이 절로 나왔다.

'멋진 신세계여! 인간의 능력은 참으로 대단하구나!'

인간의 두뇌가 이룩한 과학적 연구에 따르면, 약 45~6억 년 전 지구가 탄생했고, 이 땅에서 인류의 시원은 약 6~7백만 년 전으로 거슬러 올라간다. 현생인류의 조상인 호모사피엔스Homo sapiens: 슬기로운 사람의 존재도 15~25만 년의 역사를 갖는다. 그 후 인간은 '슬기로운 두뇌'를 이용해 만물의 영장이라는 지위를 차지했다. 또 온갖 자연적·인공적인 재난과 어려움을 이겨내며 번성해 지금 세계 인구는 70억여 명에 이르고 있다. 그야말로 아마존 밀림 속 오지에서부터 알래스카의 동토에 이르기까지 온 세계를 뒤덮고 있는 것이다. 그리고 '현명한' 머리를 이용해서 이 땅에 소위 찬란한 기술 문명을 이룩했고, 좀 더 편안한 삶을 보장하는 환경을 창조했다. 덕분에 인간은 육체적으로 전례 없는 안락함을 향유하게 되었다.

풍요로운 문명, 불안한 영혼

그러나 오늘날 인간의 영혼은 그리 편안치가 않다. 문명의 변화와 반대로 혹은 육체의 안락함과 관계없이 우리의 영혼은 불안해하고 있다. 왕의 침대 위에 누워서도 잠 못 이루는 존재가 오늘날을 살아가는 우리의 모습이다.

그 불안의 기저에는 복잡한 삶에서 부딪치는 오만가지 번민이 있겠지만 지금 당장 우리의 호흡을 가쁘게 만드는 핵심 요소 중의 하나는 '성공을 향한 질주'이다. "경쟁에서 살아남아야 해! 승리해야 해!" 성공에 대한 강박증은 경쟁에서 뒤처질지도 모른다는 걱정과 함께 우리에게 불안감을 가중시키고 있다.

그러나 따지고 보면 성공을 소망하지 않았던 시절이 있었을까. 성공에 대한 욕망은 인간의 자연스러운 본능이다. 시대와 공동체에 따라 성공의 목표와 기준은 달랐지만, 구성원들은 자연스럽게 나름의 성공을 꿈꾸었다. 더불어 좀 더 큰 꿈을 자유롭게 실현할 수 있는 정의로운 세상을 희망했다. 또 누군가는 공평한 기회가 보장되는 새로운 세상을 건설하기 위해 목숨을 바쳐 투쟁의 대열에 합류하기도 했다. 어느 시대에서나 혁명은 있었고, 어느 곳에서나 자유를 향한 외침은 있었다. 현대에 들어서면서 수천 년간 지속되어 온 억압적인 제도들은 무너지고 신분의 족쇄도 풀렸다. 또 종교의 영향력은 줄어들고 사상과 언론의 자유가 보장되었다. 보편적 인권은 천부적 권리로 인정되었다. 이제 누구나 같은 꿈을 꿀 수 있게 되었다. 만인이 자유롭게 경쟁하고, 누구나 성공을 위한 기회를 갖게 되었다. 바야흐로 '꿈과 희망이 가득한 아름다운 세상'이 온 것이다.

그러나 오늘날 누구나 꿈꿀 수 있는 세상이 되었는데도 행복한 사람들은 많지 않다. 꿈꾸던 세상과 맞닥뜨린 현실이 다른 탓이다. 민주와 정의의 신세계에서도 생존을 위한 분투는 피할 수 없다. 오히려 부풀어 오른 욕망 때문에 생존경쟁은 더욱 치열해지고 있다. 더 나아지고 더 강해지기 위해서는 더 노력해야 하고 더 많이 준비해야 한다. 그러나 성공으로 통하는 문은 여전히 쉽게 열리지 않는다. 기회는 많아졌으나 성공은 여전히 드물다. 세상에 봄이 왔다고 하지만 대다수의 사람들은 여전히 '불만의 겨울'에 갇혀 있다. 그들은 자유를 얻었으나 그것을 누릴 여가도 없이 바쁘다. 현대인의 슬픈 아이러니다.

빛나는 성공을 향한 잿빛 전투

우리 한국인의 삶도 이와 크게 다르지 않다. 지난 4~50년 동안 우리는 세계의 주목을 받을 만큼 많은 변화를 이루어냈다. 민주화 혁명과 투쟁을 통해 정치·사회적 변혁을 이루어냈으며, 경제적으로도 기적 같은 성취를 달성했다. 그러나 우리의 삶은 아직 따뜻한 봄을 맞지 못하고 있다.

오히려 세계에서 가장 숨가쁘게 살고 있다. 객관적인 통계를 보더라도 한국인은 세계에서 가장 오랜 시간 동안 일한다. 말 그대로 우리나라는 세계 최고의 노동시간 국가다. 아이들의 학습시간도 OECD 국가 중 가장 길다. 치열하게 공부하고 열심히 일한다. 단 며칠 동안의 휴가도 부담스럽게 여기며 공부 중독, 일 중독에 시달린다. 우리는 태어나서 죽을 때까지 쉬지 않고 치열하게 삶의 전투를 벌인다.

왜 그럴까? 거기에는 몇 가지 복합적인 이유가 있다.

첫째로 우리 민족은 이성적이라기보다는 감성적이고 냉정하기보다는 열정적인 특성이 강하다. 이성은 '본질reality'을 지향하고, 감성은 '외양appearance'에 영향받는다. 그런데 열정의 에너지는 집단으로서 역동성을 과시한다. 열정적 감성은 짧은 기간에 기대 이상의 결과를 낳기도 하지만, 비이성적인 과열 경쟁을 유발하기도 한다.

둘째로 우리 사회는 서구의 수백 년 동안의 민주화·산업화 역사와 비교했을 때 아직 청춘기 단계에 있다. 여유로운 포용력을 발휘하기에는 미성숙한 젊은 사회인으로 질풍노도의 시기를 향해 중이다.

셋째로 우리가 배태한 역사적 상처들도 우리에게 여전히 사회적 우울증을 남기고 있다. 과거의 격심한 정신적 상처가 개인의 성격 형성에 영향을 미치듯, 우리의 엄혹한 근대 역사도 마찬가지다. 일제 식민 지배의 폭정, 동족간의 전쟁이 남긴 공포, 비민주적 독재 체제가 가한 위협 등 쉽게 지울 수 없는 트라우마trauma:정신적 외상는 우리에게 지정학적, 이념적, 사회적 집단 불안증을 유발하고 있다. 상처의 치유에는 시간이 필요하다.

마지막으로 우리 삶의 과열 양상의 가장 중요한 요인으로 언급해야 할 것은, 두말할 것도 없이 그동안 우리가 추구해 온 급격한 산업화와 경제 발전이다. 사회의 빠른 변화는 감성 충만한 열정적 민족성이나 역사적 아픈 상처와 맞물려 우리를 더욱 격심한 경쟁으로 내몰고 있다.

이제 우리의 공동체는 자기중심적 초경쟁사회가 되었다. 삶의 의미를 이성적으로 냉철하게 돌아보거나, 주변의 이웃을 차분히 살펴볼 여유도 없이 우리는 각자 자신의 생존과 성공을 위해 처절한 전투를 벌이고 있다. '장밋빛 인생'을 위해, 빛나는 성공을 위해, 우리는 끝없는 생존경쟁의 '잿빛 전투'에 참여하고 있다.

성공을 향한 광기의 시대

실제로 우리 사회가 다른 나라나 사회에 비해 얼마만큼 성공 지향적인지 측정할 정도로 종합적 통계나 정확한 수치를 대는 것은 힘들다. 하지만 몇 가지 근거만으로도 다른 공동체에 비해 심각한 정도의 성공 열병과 그 부작용에 시달리고 있는 것만은 분명하다. 세계 최고치인 80%가 넘는 대학 진학률, 세계 최저의 출산율, 젊은이로부터 노인 세대에 이르기까지 세계 최고 수준의 자살률 등이 그것이다.

대학에 진학하는 것은 당연한 일이며, 나아가 이름 있는 대학에 들어가는 것은 삶에서 무엇보다 중요한 관심사가 되었다. 말을 배우기 시작할 때부터 대학 입학을 준비하는 풍조가 생겨났다. 혈기 넘치는 젊은이들이 몇 년씩이나 새벽부터 밤늦도록 교재와 씨름하며 입시 준비에 몰두하는 것을 당연한 것으로 받아들인다. "대학은 반드시 들어가야 돼!" 모두들 부지불식간에 대학에 대한 강박증에 빠져 있다. '학벌이 밥줄이다'라는 주문에 사로잡혀 있으며, 성공을 위한 사다리가 곧 학벌이라는 확고한 믿음을 갖고 있기 때문이다. 결과에 대해서는 극소수를 제외하고는 누구도 기쁘지 않다.

영원의 문턱에서

반 고흐 | 1890년 | 캔버스에 유채 | 64×80cm | 크뢸러뮐러 미술관

학교를 졸업해도 기다리는 것은 여전히 가혹한 현실이다. 소위 '좋은' 일자리는 한정되어 있고 경쟁은 더욱 치열하다. 불안한 현실 탓에 결혼은 유보되고 출산율은 전 세계에서 가장 낮다. 힘든 삶의 여정에 아이들을 동반할 용기가 생기지 않는다. "이런 처지에 어떻게 아이를 낳는다는 말이야!" 경쟁에 지쳐 자존감과 꿈을 잃은 젊은이들이 낙엽처럼 생의 끈을 놓고 있다.

10대에서 30대까지 사망 원인 1위가 자살이다. 나이 든 세대들도 삶의 무게를 이기지 못하고 있다. 소외와 고독과 빈곤에 시달리는 노인들의 상황은 더욱 암울하다. OECD 국가 중 노인 빈곤율과 자살률은 추종을 불허할 만큼 최고 선두이다. 노년의 안식이란 말은 공허한 수사가 되었다. "삶의 전투에서 패배했어!" 번쩍이는 빌딩 숲에 가린 우리 사회의 춥고 어둡고 비극적인 오늘의 풍경이다.

그렇다. 우리 사회는 많은 사람들이 아직 추운 한 겨울을 지나고 있다. 결과우선주의, 개발지상주의, 경쟁제일주의, 점수제일주의, 외모지상주의 등 성공 지향적 가치관들이 요란스럽게 사회를 주도하고 있다. "세계 최대 최고를 향하여!" 모두들 '오직 성공만이 행복으로 통하는 문이다'라는 집단 무의식에 취해 요람에서 무덤까지 '성공'을 위해 줄달음치고 있다.

누구보다 높은 곳에 올라 영광스러운 월계관을 쓰고 박수갈채를 받고 싶어한다. 어디에서든, 무엇에서든 '일등을 향해 질주하는 사회'가 오늘날 우리가 처한 현실이다. 이기적 탐욕을 앞세우는 성공 지향의 투쟁의 시대, 한마디로 우리 시대는 '성공을 향한 광기의 시대'이다.

도대체 성공이 뭐길래?

사전적으로 성공이란 '목적하는 바를 이룸'을 뜻한다. 한자어 표기로는 이룰 성成과 공 공功을 합친 단어로 '공로를 이룸'을 의미한다. 그런데 이 어휘의 조합에서 공功이란 장인工이 힘力을 기울여 일하는 것을 뜻하므로, 한자어 '성공成功'의 뜻풀이는 '사람이 노력을 기울여 어떤 일을 성취하는 것' 쯤으로 해석할 수가 있다. 영어로 성공을 칭하는 'success' 역시 핵심 뜻은 비슷하다. 'success'는 라틴어 'succedere'에서 유래한 어휘로, 그 어원적 의미는 '뒤에 오다 suc = after, cede = come'이다. 즉, '결과적으로 얻는 것'을 의미한다. 종합하자면 성공이란 '노력을 기울여 훌륭한 결실을 이루는 것'이다. 성공은 피와 땀과 눈물의 결정체이다. 그러므로 우리는 그것을 특별하고 아름답고 자랑스럽게 여긴다. 세상은 그것에 대해 주목과 존경하고 찬사를 보낸다.

텔레비전 화면에는 연일 대단한 성공을 거둔 사람들이 등장한다. 정치, 경제, 사회, 문화 등 사회 여러 분야에서 각양각색 직업의 인물들이 자신의 업적과 성취를 뽐낸다. 그들은 돈이나 지위나 권력이나 또는 명예 등 특별한 것을 얻었다고 고백한다. 가혹한 경쟁에서 살아남았고 혹독한 시련을 극복했다고 이야기하며, 영광의 상처를 자랑스러워한다. 또 현재에 안주하지 않고 계속 최선을 다할 것이라고 다짐하며, 당신도 도전하면 이룰 수 있다고 역설한다. "포기하지 마세요. 꿈은 꼭 이루어진답니다."

모두가 성공하고 싶어 한다. 그러나 그 길이 쉽지 않다는 데 문제가 있다. 어느 시인의 말처럼, 가을 날 저 들판에 '한 송이 국화꽃'을 피우는

데도, 봄부터 소쩍새는 열심히 울어야 하고, 천둥 번개 동반한 먹구름이 대지에 비를 뿌려야 한다. 사실, 평범한 세상살이도 만만하지 않은 판국에 특별한 능력을 갖추고 뛰어난 결과를 얻기란 얼마나 어려운가. 그럼에도 우리는 소망한다. 타고난 재능, 우수한 성적, 이름난 대학, 큰 회사, 많은 급여, 탁월한 평가, 높은 지위, 최고 학위, 반짝이는 금메달, 뛰어난 업적, 세계적 걸작, 역사적 성공, 많은 재산, 큰 권력을. 그러나 성공의 길은 험난하고 그 문은 좁다. 목표를 향한 굳은 의지와 불타는 열정을 가지고 오랜 시간 혼신의 노력을 경주해야 한다. 어쩌면 온 생애를 걸고 피와 땀과 눈물을 바쳤음에도 결실은 만족스럽지 않을 수 있다.

순진한 사람 같으니, 돈이 곧 진리요!

우리는 무엇을 위해 경쟁하는가. 왜 성공 강박증에 시달리고 있는가. 도대체 왜 성공하려고 하는가. 개인에 따라 나름의 명분과 이유와 목표가 있을 것이다. 그러나 이것들을 한마디로 압축하면, 우리 사회에서 성공의 목표는 대체로 '돈'에 집중되고 있다. '돈을 위한 경쟁', '성공은 곧 돈'이라는 의식이 우리를 지배하고 있다. 돈은 귀신을 부리는 정도를 넘어서, 그 자체가 신神이 되어 버렸다. '돈'을 신으로 섬기는 세상, 물신주의가 팽배한 세상이 우리의 현실이다. 사람들은 그 이유가 자본주의 즉 배금주의mammonism 사회의 특성이라고 한다. 돈 없이 오늘날 번쩍이는 문명이 가당키나 했겠으며, 당장에 얼마나 버티겠냐고 목소리를 높이기도 한다. 경쟁이 치열하지 않은 시대가 있었느냐고 반문하며, 경쟁과 욕망의 효용성에 침이 마르도록 열변한다. "경쟁하고 욕망해야 빛날 수 있어!"라고.

'돈 신神'은 말한다. "돈은 전능하다. 무엇이든 할 수 있다. 돈은 진리요, 길이요, 생명이니, 돈을 믿어라!" 오늘날 우리 사회에서 돈은 이렇게 주장하고 있다. 돈과의 대화를 적어본다.

"당신은 무엇이든 할 수 있다고요?"

"그렇소. 돈으로 안 되는 것이 무엇이란 말이오?"

"돈으로 우정을 살 수 있다고요?"

"당연하지요. 가난해지면 친구마저 외면하나, 부자가 되면 원수도 친구로 변하잖소. 그까짓 우정쯤이야. 사랑도 믿음도, 정의와 불의도 그 무엇이든 돈으로 움직일 수 있소. 돈 탓에 나라도 팔아먹는 세상이라고! 유전만사성有錢萬事成이요."

"그렇다면 행복도 돈으로 살 수 있단 말이오?"

"순진한 사람 같으니, 돈이 곧 행복이요. 물론 돈이 많을수록 행복이 커진다고 할 수는 없을지 몰라도, 무일푼 신세에 행복하기란 거의 불가능 하지요."

"당신의 추악한 면을 감추는군요. 돈 때문에 강도짓과 살인까지 벌어지지 않소."

"내 탓이 아니라 인간 탓이오. 인간의 욕망 탓이라고! 날 비난하지 말고 당신들이 각성해야 할 일이야."

버럭 화를 내는 돈 신에게, 나는 무인도에서라면 산더미 같은 돈이 무슨 소용이며, 그것이 쌀 한 톨이나 바나나 한 개보다 못할 것이라고 말하고 싶었으나 꾹 참았다. 논리가 궁색하니 특수한 경우를 일반화시키고 있다는 면박을 당할 것도 같았다. 계속해서 돈 신과 나눈 대화는 비슷한 논박이었다. 나는 진정한 사랑은 결코 돈으로 살 수 없다거나, 돈에 좌우되는 우정이나 행복이라면 그것은 싸구려 가짜라거나, 돈으로 인한 영혼의 타락 등을 이야기했고, 돈 신은 여하튼 자신의 위대성을 얘기했다. "100년 전만 해도 상상조차 못했지! 자, 서울거리를 가득 메운 저 출근 인파를 봐! 나의 시대야!"

돈을 믿고 돈을 좇는 '돈 신'의 시대임을 부인하기 어렵다. 절대 다수의 사람들이 '돈 곧 성공'을 향해 전쟁, 광풍, 열풍 속으로 휩쓸리고 있다. 돈과 성공을 최우선시하는 삶이 대세다. 언제 어디서나 "부자 되세요!"라고 외쳐댄다. 그러나 문제는 돈을 원한다고 해도 누구나 부자로 성공할 수 없다는 데 있다. 거듭 말하거니와 욕망한다고 해도 누구나 금메달을 따거나 세계적으로 탁월한 업적을 달성할 수는 없기 때문이다.

셰익스피어의 화두 '인간이란 무엇인가'

700년 전, 르네상스의 불길이 타올랐다. '성공을 향한 열정'이 온 유럽에 넘쳐났다. 세상이 요동쳤다. 중세 봉건제도는 황혼을 드리우고 상업적 부르주아지 시대가 밝아오고 있었다. 토지를 기반으로 한 장원은 유지되고 있었지만 장사가 대세였다. '돈의 시대'가 도래했다. 더불어 천년 동안 이어졌던 종교의 시대가 가고 인간의 시대가 왔다. 그 불길은 14세기 초 이탈리아에서 시작되어 프랑스와 독일을 거쳐 15세기 말에는 바다 건너 영국에까지 번졌다.

기독교가 낳은 거대한 성전과 율법은 도전을 받았다. 지식인들은 기독교 이전 고대 그리스와 로마의 문명을 되짚어보고 그 시대의 문학과 철학을 공부했다. 그리고는 소리를 높였다. "사람이 중요해!" "인생은 아름다워!" "인생은 고해야!" 그동안 기독교의 억눌린 시선으로 바라본 세계는 종말을 고했다. 중세적 사고 안에서 현세의 삶이란 죄를 구원하기 위한 노력이며, 내세의 영원한 안식을 위한 준비로 인식되었다. 삶은 덧없고 새로운 지식을 구할 이유는 없었다. 신을 향해 나아가는 일 말고 더 성스러운 일은 없었다. 그러나 르네상스의 불길은 현세를 살아가는 사람들과 그들 삶의 중요성을 일깨웠다. 풍요로운 삶을 위해 분투하는 인간의 아름다움을 찬양했으며, 인권을 주장했고, 과학적 발견들을 이룩했고, 신대륙을 탐험했다. 그리고 새로운 예술이 등장했다. 이른바 인간사의 온갖 사연들을 사실대로 담아내는 세속 문학이 꽃피기 시작했다. 그 중심에 셰익스피어William Shakespeare가 있었다.

셰익스피어 (1564~1616)
세계 연극사상 최대의 극작가이며, 영국문학사를 장식하는 대시인. 4대 비극을 포함한 37편의 희곡과 여러 권의 시집 및 소네트집을 남겼다. 18세기 이래 영국에서는 '셰익스피어학'이라는 독립된 학문이 발전했고, 모든 비평원리의 선례로 이용되며, 극단에서는 셰익스피어 극이 배우의 등용문으로 되어 있다.

셰익스피어는 1564년 4월 23일 영국 워릭셔 주의 시골 마을 스트랫퍼드 어폰 에이븐에서 태어났다. 그의 삶은 그 자체로 르네상스 인의 가장 극적인 성공담이라 할 만하다.

그는 가죽제품 장인 겸 상인인 존 셰익스피어의 4남 4녀 중 셋째로 태어나서 시골 문법학교 Grammar School: 17~18세기에 있었던 영국의 중등학교를 마친 것이 학력의 전부였다. 그러나 그는 1580년 말 경 런던에 상경하여 극장에서 말 지기, 무대 보조원, 고용 배우 이력을 거쳐 극작가로 등단한 후 연극계의 총아가 되었다. 당시 연극계를 지배하던 케임브리지, 옥스퍼드 대학 출신의 극작가들을 제치고 불세출의 인물이 된 것이다.

셰익스피어의 위대함은 그가 남긴 위대한 작품들로 평가된다. 셰익스피어는 작품을 통해 인간의 본질과 존재의 의미를 철저히 파헤쳤다. 한 마디로 그가 인류에게 제시한 화두는 '인간이란 무엇인가'이다. 그는 피비린내 가득한 왕권 다툼을 그린 사극들을 통해 정치적 인간에 대해 탐구했고, 희극들을 통해서는 아이러니한 삶의 변화 속에 사랑의 부침을 경험하는 사회적 인간상을 그렸으며, 비극을 통해서는 파국으로 치닫는 불완전한 인간 심연을 들여다보고 도덕적이고 윤리적인 인간 모습을 탐구했고, 로맨스 극을 통해서는 고난을 극복하고 용서와 화해를 이루는 성숙한 인간의 모습을 담아냈다.

특히 불후의 작품 〈햄릿〉, 〈오셀로〉, 〈리어 왕〉, 〈맥베스〉 등 셰익스피어의 4대 비극을 포함한 그의 비극 작품들은 시대를 초월하여 오늘날에도 변함없이 인류에게 세상과 인간과 인생의 의미를 일깨우는 안내서로 평가된다. 그것은 셰익스피어가 누구보다 앞서 인간의 마음을 적나라하게 탐색한 탓이다. 100년 전 인간의 마음을 현미경으로 분석하여 세상을 뒤흔든 프로이트에 앞서, 셰익스피어는 400여년 전 인간의 마음 깊숙한 곳으로 뛰어들어 유유히 수영을 했다. 그리고 불완전한 인간의 심연으로 깊이 잠수해 들어갔다. 그곳은 욕망이 불타고 있는 마음의 늪이었다. 그는 그곳을 탐색해 기록했다. 그의 위대한 비극은 그렇게 탄생했다. 나는 감히 주장하건데, 셰익스피어를 통해 인류의 연극은 완성되었다. 그는 인류 최초로 인간과 인생을 구성하는 외면과 내면을 모두 빠짐없이 들여다본 극작가이다.

셰익스피어가 그려낸 비극 〈햄릿〉과 〈리어 왕〉에서 '성공'의 의미를 찾는 것은 일견 모순으로 보인다. 왜냐하면 주인공들이 모두 비극적인 최후를 맞이하기 때문이다. 즉 그의 작품 속 주인공들은 행복의 절정에서 비극의 나락으로 추락하는 삶을 산다. 그것은 그 자체로 비극적이고 실패한 삶으로 받아들여진다. 〈햄릿〉, 〈리어 왕〉에서도 선인이든 악당이든 모든 주인공들은 파국을 맞이한다.

그러나 셰익스피어는 작품을 통해 '인간은 어떤 존재인가' 뿐만 아니라 '어떻게 사는 것이 가치 있는 삶인가'를 생생히 그려내고 있다. 즉 〈햄릿〉과 〈리어 왕〉 역시 비극적인 결말을 담고 있긴 하지만, 그 작품들이 인간 정신의 위대함과 존엄성을 이야기하고 있다는 점에서, 그 비극들은 삶의 진정한 '성공'의 의미를 탐색하는 데 고귀한 자산이 되고 있다. 그리고 우리는 그의 작품 속 인물들의 삶에 대한 가치관과 그들의 인생 여정을 통해 오늘날 우리의 삶의 모습을 비추어볼 수 있다.

'인간이란 무엇인가?' 셰익스피어는 400년 전, 사람들의 영혼이 외치는 소리를 들었다. "내가 왜 이러는지 모르겠어요. 미쳐 버릴 것 같아요." 차가운 이성 아래 뜨거운 열정이 들끓고 있는 존재, 욕망의 폭풍우에 양심의 나무둥치가 휘청거리는 존재, 천사의 얼굴 뒤에 악마의 얼굴을 숨기고 있는 존재가 바로 인간이었다. 인간은 나약하고 이중적이고 탐욕스런 존재였고, 내적 갈등에 번민하는 존재였다.

인간의 삶은 어떠한가? 세상은 어느 시대든 인간의 욕망으로 불타오르는 전장이었다. 사람들은 욕망의 불길에 휩싸여 야망의 사다리를 올랐다. 그들은 반역과 배신과 음모를 일삼았다.

"양심이 무슨 소용이람."

권력과 돈과 지위를 부정하게 차지하고도 희희낙락했다. 부패하고 타락한 세상이었다. 그러나 셰익스피어는 불의에 항거하고 정의와 진실을 추구하는 목소리도 들었다.

"양심을 잃는 자 모든 것을 잃을 것이다."

세상은 불의와 정의가 끊임없이 갈등하는 불완전한 세계다. 이러한 맥락에서, 셰익스피어의 비극은 우리에게 궁극적으로 다음과 같은 중요한 질문을 던지고 있다.

'가치 있는 삶이란 무엇인가?'

계속 단 것을 먹으면 단맛을 잃게 된다

'가치 있는 삶'을 사는 것은 곧 '성공적인 삶'과 관계된다. 햄릿은 타락한 세상과 표리부동하고 탐욕스런 인간들에 둘러싸여 있다. 아버지의 갑작스런 죽음으로 슬픔에 빠진 햄릿에게 어머니와 새 권력자 숙부와의 초고속 결혼은 도덕적 타락에 대한 환멸을 불러일으킨다.

"약한 자여, 그대 이름은 여자니라."_〈햄릿〉 3막 1장 55행

폴로니어스를 비롯한 궁정 대신들은 도덕에 무관심한 처세의 달인들일 뿐이다. 그들은 새로운 권력자에 아첨하며 자신들의 자리를 지키는 것을 중요하게 여긴다. 왜 도덕을 문제 삼는단 말인가. 햄릿의 고통은 가중된다. 아버지의 유령이 나타나 죽음의 진상을 전한다. 숙부는 살인

자요 왕권 찬탈자이며 근친상간을 저지른 간통자라고 말하며 복수를 명령한다. 햄릿은 처절하게 외친다.

"이 시대는 온통 어그러져 있어! 오 저주받은 운명이여!

내 그것을 바로 잡을 운명을 지고 태어나다니!"_〈햄릿〉 1막 5장 188~189행

그러나 막강한 악의 세력과의 대결에서 딜레마에 빠진 햄릿의 영혼이 아우성친다. '사람이 삶이 죽음이 사랑이 무엇이란 말인가. 이 따위 세상이 어디 있단 말인가. 인간의 존재 의미는 무엇인가' 나아가 심지어 '유령은 악마가 아닐까. 진실은 무엇인가.' 끝없이 의문한다. 물음을 던지는 인간, 회의하는 인간, 그가 햄릿이다.

햄릿은 슬픔과 자책과 회의에 사로잡혀 극심한 내적 고통에 시달린다. 고통스러운 삶을 들여다보며 죽음을 생각한다.

"사느냐 죽느냐 그것이 문제로다."_〈햄릿〉 3막 1장 55행

하지만 죽음은 영원한 어둠일지도 모른다. 알 수 없는 어둠의 심연, 그곳에 서둘러 가고 싶은 자가 누가 있겠는가. 신도 자살을 허락하지 않는 판에.

번민 속에서도 햄릿은 아버지의 죽음의 진실을 확인하기를 원한다. '세상을 비추는 거울', 연극을 통해 진실은 밝혀진다. 그러나 강대한 악의 권력에 의해 햄릿은 추방당한다. 고난을 뚫고 귀환한 햄릿은 이제 삶의 섭리를 통찰한 용감한 영웅의 모습이다. 그는 두려움 없는 전사로서 악의 세력과 담대하게 맞서 자신의 과업을 완수하고 죽음을 맞이한다.

햄릿은 타락한 세상에 섞일 수 없는 고독한 인간이며, 진실을 찾아 헤매며 의문하는 인간이며, 시대와 세상을 짊어진 무거운 인간이고, 생사를 통찰한 용감한 영웅이다. 그의 삶은 끝없이 '진실을 추구하는 삶'이

공동묘지의 햄릿과 호레이시오

들라크루아 | 1893년 | 캔버스에 유채 | 87×65cm | 루브르 박물관

었다. 가치 있는 삶이란 무엇인가? 삶은 진실을 찾는 반복적인 노동이
아닌가.

칸트Immanuel Kant는 "이 세계에서—심지어 이 세계를 초월해서도—아무
런 조건 없이 선하다고 부를 수 있는 것은 오로지 선 의지뿐이다."라고
말했다. 즉 시비의 문제는 상대적이지만, 시비를 따지려는 의지는 절대
적으로 정의롭다는 것이다. 불의는 참을 수 없는 것이므로 잘못된 것은
반드시 시정해야 하는 것은 인간의 보편적 의지에 해당한다.

〈리어 왕〉은 분별력을 잃은 어리석은 아비와 탐욕에 가득 찬 자식에
관한 이야기다. 우선 이 극은 '누구를 믿을 수 있을까'라는 의문을 떠올
리게 한다. 가식적인 찬사에 현혹당한 리어 왕은 진실과 거짓을 구분하
지 못한다. 그리하여 사악한 딸들에게 권력과 재산을 양도한다. 글로스
터 백작 역시 탐욕스런 아들의 계략을 파악하지 못하고 둘째아들을 상
속자로 선택한다. 선택이 운명이 되었다.

어리석은 판단의 대가는 가혹했다. 리어 왕은 두 딸과 둘째사위 콘월
공작에게 무참히 버림받는다. 폭풍우 몰아치는 황야로 내쫓긴 왕은 분
노와 광기에 휩싸여 자책하고 저주한다. 그리고 미쳐 버린다. 글로스터
역시 아들로부터 철저히 배신을 당한다. 아들은 아버지를 밀고하고 아
버지는 반역자로 체포되어 두 눈이 뽑히는 참상을 겪고 역시 황야로 쫓
겨난다. 그러나 리어와 글로스터는 고난과 고통을 겪으며 삶을 각성하
게 된다. 오만, 독선, 풍요에 젖어 있던 자신들을 돌아보고, 지금까지 인
식하지 못했던 겸손, 배려, 가난을 깨닫는다. 실성한 리어는 더 예리하
게 세상을 분별하고, 눈을 잃은 글로스터는 더 선명하게 세상을 본다.

〈리어 왕〉은 수많은 물음을 야기하는 극이다. 부모와 자식이란 어떤

폭풍우 속의 리어 왕과 광대

윌리엄 다이스 | 1851년 경 | 캔버스에 유채 | 87×65cm | 스코틀랜드 국립미술관

관계인가. 권력과 돈 앞에 인간은 어디까지 사악하고 비굴할 수 있는가. 욕망의 칼날은 얼마나 무자비한가. 인간은 얼마나 위선적이고 이중적인 존재인가. 어리석은 판단의 대가는 얼마나 가혹한가. 어떻게 살아야 하는가. 깨달음의 길은 언제나 험난한가.

리어 왕과 글로스터는 고난을 통해 세상을 똑바로 보기 시작한다. 셰익스피어는 말한다."

눈으로 볼 적에는 오히려 넘어졌어."_〈리어 왕〉 4막 1장 19행

그렇다. 고난 없이는 진정한 삶을 얻을 수 없다. 누구든지 시력이 있을 때는 제대로 바라볼 수 없다. 두 눈을 잃고서야 무량한 마음의 눈을 얻었고 권력을 버리자 궁전 너머 온 세상을 볼 수 있었다. 부자가 되기 위해서는 가난해져야 한다. 가치 있는 삶이란 고통스럽지만, 버리는 삶이다. 셰익스피어는 말했다.

"계속 단 것을 먹으면 단맛을 잃게 되지요"_〈헨리 4세 1부〉 3막 2장 71~73행

성공의 또 다른 잣대, 가치 있는 삶

결국 성공은 욕망의 문제이다. 즉 성공은 정도의 문제이다. 분별력 있는 욕망을 가져야 한다. 욕망이 지나치면 삶이 파괴되고 만다. 속된 표현으로 과도한 욕망은 사람을 잡는다.

그렇다면 어느 정도의 욕망이 적절한가.

다시 말해 어느 정도의 성공이 적절한가. 그것의 핵심 열쇠는 만족스런 삶과 관계된다. 아무리 입신출세를 하고 대단한 부를 이루었다고 한들 자신의 삶이 불행하다면 그 성공이 무슨 의미가 있겠는가. 굳이 이름

붙이자면 그것은 '불행한 성공'이며 '거짓 성공'일 것이다. 버트런드 러셀 Bertrand Russell은 말한다.

"부자들 자신이 불행하다면, 사람들을 부유하게 만들어 봐야 무슨 소용이 있겠는가?"

그러므로 진정한 의미의 성공이란 '행복한 성공'이어야 한다.

한마디로 성공적인 삶이란 행복을 담보하는 삶이어야 한다. 행복은 성공의 필요충분조건이어야 한다. 행복을 동반하지 않는 성공은 성공이라고 할 수 없다. 어쩌면 우리가 삶을 영위하는 핵심이 행복의 추구라고 할 때, 세상의 잣대로 가늠한 성공 여부와 상관없이 우리가 만족한 삶을 살아가고 있다면 그것을 성공적인 삶이라고 보아야 할 것이다. 그렇다면 우리는 누구든지 어느 위치에서나 어느 분야에서나 성공을 이야기할 수 있다. 가난하지만 행복한 예술가도 성공한 사람이며, 사람들의 시선에 아랑곳하지 않고 자신의 일에 하루하루 커다란 보람을 느끼며 살아가는 거리의 청소부도 성공한 사람일 수 있다. 자신이 받는 급여로 적절히 즐기며 매사에 웃음을 잃지 않는 직장인이 있다면 역시 성공적인 삶을 사는 것으로 평가할 수 있다.

문제는 세상의 기준과 구별되는 잣대로 스스로의 삶을 만족스럽게 여기는 사람들이 얼마나 되겠느냐이다. 자신의 처지에 대해 부러움의 시선은커녕 업신여기는 태도를 너그럽게 수용할 사람은 얼마나 될까. 현실적으로는 아주 드물 것이다. 그렇다고 해서 자타가 인정하는 성공을 거두고 스스로도 행복한 사람은 또 얼마나 되겠는가. 역시 많지 않을 것이다. 이런 기준이라면 세상 사람들 대부분은 성공과는 거리가 먼 처지일 것이다.

성공을 이야기하는 또 다른 잣대는 없을까. 성공적인 삶의 의미를 새롭게 규명해 볼 수는 없을까. 나는 그것이 '가치 있는 삶'이라고 생각한다. 다시 말해서 어떤 가치관으로 세상을 바라보고 인생을 살아가느냐의 문제이다.

인간의 삶의 방식은 물질적 가치를 추구하는 삶과 정신적 가치를 추구하는 삶으로 대별된다. 이것을 에리히 프롬Erich Fromm은 소유 지향의 삶과 존재 지향의 삶으로 설명한다. 물질적 가치 추구나 소유 지향의 삶은 소유함으로써 자신의 존재를 과시하려는 것이다. 많이 소유하면 할수록 자신의 존재는 빛난다. 프롬의 표현을 빌리면, "존재가 소유에 의해서 규정되는 삶에서 아무것도 소유하지 못한 사람은 아무것도 아닌 존재로 여겨지게 되는 것이다." 따라서 소유적 삶의 방식은 소유하면 할수록 자신의 존재를 크게 할 수 있으므로 더 탐욕스러워질 수밖에 없다. 주체는 욕망의 노예가 되고 만다. 반면에 정신적 가치 추구나 존재 지향의 삶은 나누고 베풀고 희생함으로써 자신의 존재를 빛나게 한다. 그러므로 소유는 사용에 따라 감소하는데 반해 존재는 실천을 통해 증대된다. 권력과 돈과 지위와 명예는 덧없이 사라지는 것이지만 정의와 진실의 추구, 사랑의 힘, 예술적 창조력은 상실되지 않는다. 물질적 가치는 혼자 소유함으로써 잃게 되지만, 정신적 가치는 타인과 나눔으로써 증가한다. 소유적 삶은 영혼을 오염시키지만 존재적 삶은 영혼을 건강하게 한다.

소유에 의존하는 삶은 낮은 수준의 삶이다. 정신적 가치를 추구하는 삶은 의미 있는 삶이다. 오늘날 우리 사회는 자기중심적 소유 지향의 삶을 성공적인 삶으로 공인하고 있다. 성공에 대한 가치관을 재고해야 한다. 비록 무소유라 할지라도 영혼의 정원에 진실과 정의와 양심의 꽃이 만발한 삶을 더 가치 있는 삶이요, 더 성공적인 삶으로 보아야 한다.

소유할 것인가 존재할 것인가

"이 세상 사람들을 둘로 나눠본다면 무사와 광대로 구분할 수 있다."

30여 년 전 처음 접했을 때 나에게 화두만큼이나 강렬하게 다가온 말이다. 그날 이래 나는 가끔 그 한 구절을 통해 내 자신과 세상 사람들을 읽어보곤 한다. 나는 광대인가 무사인가?

무사는 힘을 추구한다. 무엇이든 누구든 지배하고자 원한다. 언제, 어디서, 어떤 일을 하든지 승리를 갈망한다. 권력과 돈과 지위를 좇는다. 지시하고 명령하고 행동하는 존재이다. 무사는 군사를 이끌고 용감하게 전장으로 달려간다. 승리의 깃발을 드높이고 전리품을 싣고 개선장군으로 돌아온다. 그러나 광대는 꽃잎을 뿌리고 박수를 치며 무사를 환영한다.

광대는 힘을 이해하는 사람이다. 앞으로 나서기를 원치 않는다. 패배를 두려워하지 않는다. 권력과 돈과 지위를 차지하는 것 말고도 세상에는 할 일이 많다고 믿는다. 사고하는 존재가 광대이다. 무사는 전술에 능하나 광대는 전략을 세운다. 무사 뒤에는 광대가 있다. 무사는 세상을 움직이나 광대는 무사를 움직인다. 무사는 시대를 바꾸지만 광대는 역사를 바꾼다. 당신은 무사인가 광대인가? 무사가 되기를 원하는가? 광대가 되기를 원하는가?

또 하나 풀어야 할 과제는 소유할 것인가 존재할 것인가의 문제이다.

앞에서 살펴본 것처럼 부는 행복을 확보하는 여러 수단 중 하나일 뿐이다. 물질적 가치를 욕망하는 이상으로 사랑, 선, 겸손, 친절, 지성과 같은 정신적 가치를 존중하는 것은 어려운가? 경쟁의 철학에 오염된 세상에서 인간과 사물에 대한 따뜻한 관심을 되살릴 수는 없는가?

안병대

대학시절 햄릿을 통해 셰익스피어를 처음 만났다. "처음 만난 햄릿은 낯설지는 않았지만 그렇다고 손에 금방 잡히지도 않았고 연하기도 강하기도 달기도 쓰기도 떫기도 맵기도 했다."고 추억한다. 그때 이후 지금까지 30년 넘게 셰익스피어를 연구하고 있다. 한양대 영어영문학과를 졸업한 후 같은 대학에서 셰익스피어를 연구하여 석사와 박사학위를 받았다. 영국 셰익스피어 연구소와 뉴욕 주립대 스토니브룩 캠퍼스(Stony Brook University)에서 연구경력을 쌓았다. 학술 연구 경력 이외에 셰익스피어를 전공하는 교수들이 주축이 되어 결성한 원어 연극 극단 'Korea Shakespeare's Kids'를 통해 〈리어 왕〉〈태풍〉〈맥베스〉〈햄릿〉〈리처드 3세〉 공연에 배우로 출연했다. 저서로는 『셰익스피어 작품 해설』(공저), 『교양으로 읽는 영미문학』(공저), 『셰익스피어 연극사전』(공저), 『셰익스피어 읽어주는 남자』가 있다.

justice

03

정의

'쩐동설(錢動說)'의 시대, 정의에 대해 생각하다

섭공이 공자에게 말하기를,
"우리 고장에 정직한 사람이 있는데, 그 아버지가 양을 훔치자
관에 그 사실을 고하였다"고 했다.
이에 대해 공자는
"우리 고장의 정직한 사람은 이와 다르다.
아버지는 자식을 위해 숨기며, 자식은 아버지를 위해 숨기니,
정직함이란 그 안에 있는 것이라고 답했다.
_『논어』중에서

'불의를 보면······눈을 질끈 감습니다!'

코미디 프로그램에나 나올 법한 말 같지만 '정의'를 주제로 이야기할 때 가끔 듣는 이야기다. 우리 시대 보통 사람들에게 '정의'는 '불편한 진실'에 가까운 것 같다. 누구나 알고 있는 '참'이지만 현실에서 정의를 실천하고 요구하는 일은 큰 용기를 필요로 하기 때문이다. 단적인 예로, 우리 사회는 분명 정의를 추구하지만 정의로운 사람이 항상 환영받는 것은 아니다. 직장과 같은 '조직 생활'에서는 정의보다 앞서는 가치가 존재함을 우리는 부정할 수 없다.

재미있는 사실은 정의를 상징하는 여신 디케Dike 역시 검은 천으로 눈을 가리고 있다는 점이다. 우리 같은 보통 사람들이 불의를 보고 눈을 감는 이유가 다른 무언가를 위해 잠시 객관성을 배제하겠다는 의지인 반면, 정의의 여신 디케가 눈을 가린 이유는 판단에 있어 주관성을 배제하겠다는 뜻이다. 더 나아가 여신 디케는 오른손에 칼을 쥐고 있고 왼손엔 저울을 들고 있다. 저울은 치우침 없이 공평하게 법을 집행하겠다는 형평성을 의미하고, 칼을 쥐고 있는 것은 법을 집행함에 있어 엄하게 하겠다는 의지의 표현이다.

디케의 모습을 통해 살펴볼 때 정의는 '공정', '공평'이라는 뜻이라고

디케

디케는 그리스어로 '정의(正義)' '정도(正道)'를 뜻한다. 제우스와 율법의 여신 테미스 사이에서 태어난 딸로 '질서'를 뜻하는 에우노미아와 '평화'를 뜻하는 에이레네와 자매 사이다. 이 세 자매를 계절의 여신 호라이라고 하며, 이들은 계절과 자연의 질서를 상징한다. 로마 시대에는 유스티티아(Justitia)로 대체되었다. 오늘날 영어에서 정의를 뜻하는 'Justice'는 여기서 유래한 것이다.

풀이할 수 있겠다. 공정이란 '공평하고 올바른 성질'을 뜻하며, 공평은 '어느 쪽으로도 치우치지 않고 곧음'을 말한다. 결국 정의란 공정하고 공평한 상태를 뜻한다.

정의는 우리에게 왜 불편한 진실이 되었을까?

정의가 불편한 진실이 된 데에는 여러 이유가 있겠지만 그중 하나는 우리 사회의 분위기가 정의를 실천하기 어렵기 때문이다. 더 분명히 표현하자면 우리 사회가 정의롭지 못하기 때문이다. 이것은 심리적인 추측이 아니라 다양한 조사에서 나타난 사실이다.

대표적인 예가 2012년 1월 기획재정부가 조사, 발표한 '한국 사회의 질적 수준 제고를 위한 미래연구'이다. 보고서에 따르면, 한국 사회의 공정성은 10점 만점에 3.61점에 불과하다. 세부적으로는 정부와 재계·관계의 투명성 2.5점, 학벌의 공정성 2.57점, 지도층 인사 결정의 공정성 2.6점, 계층 간 이동 가능성 3.5점으로 낙제 점수가 나왔다. 보고서는 또 8년 후에도 한국 사회의 공정성이 크게 개선되지 않을 것으로 전망했다.

한국교육개발원의 '교육정의지수 개발 연구' 결과도 이와 크게 다르지 않다. 교육정의지수는 OECD 교육지표, PISA 등의 자료를 활용해 3개 대영역(교육의 기회, 교육의 과정, 교육의 결과), 6개 소영역(고교 졸업률, GDP 대비 공교육비 등), 19개 지표(취학률, 교원 1인당 학생 수 등)에 대하여 산출한 지수이다. 이 지수를 통해 국가의 교육기회가 적합하고 균등하게 배분되었는지, 그리고 학습자의 성장을 돕고, 공동선을 실현하는지 가늠

할 수 있다고 한다. 결과는 어떨까? 한국의 교육정의 수준은 OECD 34 개국 중 23위이다. 좀더 구체적으로 살펴보면 교육의 과정Education Process 부문(2위)이 강점이지만 교육의 기회Access to Education 부문(27위), 교육의 결과Education Outcome 부문(24위)은 중하위권으로 전반적으로 교육정의 수준이 미흡한 것으로 밝혀졌다.

'쩐동설'의 시대, 불평등과 양극화

우리 삶의 중심을 '돈money'이 차지하면서 세상이 돈을 축으로 해서 돌고 있다. 소위 말하는 '쩐동설錢動說'의 시대다.

물론 먹고 사는 일은 생존조건의 최우선이다. 따라서 굶주림은 생명에 대한 가장 원초적인 모독이다. '평화平和'라는 단어가 '모든 사람의 입口에 벼禾가 골고루平 나누어지는 것'을 뜻하지 않던가. 아름다울 미美도 마찬가지다. 미美는 양羊과 대大가 합쳐진 글자다. 곧 양이 큰 것을 아름다움이라고 한 셈인데, 양이 크면 많은 사람이 나눠 먹을 수 있기 때문이다. 가족家族의 다른 말인 식구食口도 '밥을 함께 먹는 사람들'이란 의미로 역시 밥상과 연결되어 있다.

그런데 문제는 돈이 올바르게 순리대로 흐르질 않고 있다는 점이다. 예민한 코를 가진 돈이 권력·이권 냄새를 쫓아다니면서 '있는 자'와 '없는 자'를 끝도 없이 벌려놓았고, 부의 쏠림은 마침내 '1 대 99' 사회로까지 몰고 갔다. 보이지 않는 손은 결국 탐욕의 손이었고, 마침내 그 손에 의해 많은 사람들이 사회의 변두리로 쫓겨나면서 사회는 더욱더 어두워지고 평범한 사람들의 삶은 잔뜩 일그러졌다. 빵을 같이 먹지 못한 사람들이 늘어가면서 이들은 '잉여인간' 또는 '루저'로 전락하고 급기야 가족이라는 최후의 안전망마저 뚫려 버린 것이다.

우리에게 빈곤은 더 이상 '절대빈곤'을 의미하지 않는다. 끼니조차 해결 못 해 연명에 허덕이는 빈곤이 아니다. 우리를 힘들게 하는 빈곤은 바로 '상대적 빈곤'이다. 정당하고 공평하게 나누어지지 않는 분배, 힘과 권력으로 빨아들이는 부富에 대해 느끼는 상실감, 무력감, 자괴감이 바로 빈곤의 실체다.

공평하지 못하다는 것은 사회가 어느 한쪽으로 기울었다는 것 아닌가! 과거 우리 사회는 배고프고 고단한 삶이 이어지던 '헝그리hungry 사회'였다. 그럼에도 '개천에서 용 난다'는 희망의 끈을 놓지 않아 마침내 당당하게 굶주림을 극복했다. 하지만 경제적 성장과 더불어 기대했던 행복지수는 높아지지 않았고, 오히려 불안과 불만이 가득한 '앵그리angry 사회'가 됐다. '배고픈 희망의 시대'가 '배부른 절망의 시대'가 돼버린 것이다. 사회가 '이쪽'과 '저쪽'으로 쪼개지고, 사람들은 '가진 자'와 '못 가진 자'로 나뉘어 서로 등지고 양끝으로 멀어져만 가는 현실을 사람들은 아프게 견뎌내고 있다. 더욱 절망적인 것은 불평등이 구조적 문제인 것으로 드러나면서 좀더 나은 삶으로 가는 길이 빠르게 좁아지고 있다는 사실이다. 돈을 부정하는 것이 아니다. 돈의 움직임이 심상치 않다는 것이다. 역사에서 보듯 공평하지 못하고 한쪽으로 쏠린 사회는 위기를 맞게 되고, 그 위기가 개인뿐만 아니라 사회와 국가의 생존까지도 위협할 수 있다. 이 시점에서 '왜 정의를 생각해야 하는지' 분명해졌다. 이 질문에 답하는 것은 이제 선택이 아닌 필수가 됐고, 강 건너 불이 아니라 발등의 불이다. 헐크의 옷이 찢어지기 직전이다.

정의에 대한 철학적인 논쟁

정의는 보통 세 가지 관점에서 설명한다. 행복(쾌락)의 극대화를 강조하는 공리주의功利主義·Utilitarianism, 개인적 권리와 자율을 중시하는 자유주의自由主義·Liberalism 그리고 사회적 책임과 연대를 목표로 하는 공동체주의共同體主義·Communitarianism다.

공리주의에 따르면 인간은 본능적으로 행복을 추구하고 고통을 피하려는 존재다. 따라서 인간에게 쾌락과 행복을 만들어 주는 행위는 선한 것이지만, 고통과 불행을 크게 하는 것은 악한 것이 된다. 한마디로 인간에게 이익과 행복을 주는 것이 정의라는 생각이다. 공리주의자들의 정의관을 가장 명확하게 표현한 것이 제러미 벤담Jeremy Bentham이 주창한 '최대 다수의 최대 행복the greatest good for the greatest number of people'이다.

사회의 행복을 최대화 하려면 되도록 많은 사람들이 가능한 한 많은 행복을 느낄 수 있도록 하는 것이 필요하다고 역설한다. 이러한 주장은 '다수결'이라는 민주주의 기본 원칙을 세우는 데도 긍정적 영향을 끼쳤다.

자유주의는 말 그대로 자유에 방점을

제러미 벤담(1748~1832)
영국의 법학자·철학자. 정치적 급진주의를 옹호했던 벤담은 '최대 다수의 최대 행복'이라는 공리주의를 표방했다. 그는 공리주의를 바탕으로 하는 이상적인 사회 모델로 원형감옥으로 잘 알려진 '파놉티콘'을 구상했다. '파놉티콘'이라는 효율적인 감금 시설을 통해 수감자를 교화하여 사회를 안정시킬 수 있다고 보았던 것이다. 이 원형감옥 '파놉티콘'은 이후 미셸 푸코의 비판으로 인해 더욱 유명해졌다.

찍는다. 즉 개인의 자유가 최대한 보장될 때를 정의라고 부르는 것이다. 인간의 존엄성을 인정하고 개인의 정신적·사회적 활동을 위해 자유를 최대한 보장하는 것이 바로 정의를 실현하는 길이라고 믿는다. 아울러 이러한 자유가 보장되기 위해 모든 사람이 평등하다는 '만인 평등사상'을 전제조건으로 제시한다. 모두가 평등한 인격체로서 누구도 타인의 간섭을 받아서는 안 되고, 또 누구도 타인을 간섭할 수 없다는 점을 분명히 한다. 이러한 평등사상 위에 개인적 자유가 안정적으로 보장되고, 나아가 개인의 행복이 가능해지며, 이때가 바로 정의로운 상태라고 주장한다.

공동체주의는 공동체적 가치와 전통 및 연대성을 강조한다. 정의는 단순히 공리共利를 극대화하거나 자유를 확보하는 것만으로는 이룰 수 없다고 보고, 개인의 자유보다는 평등을, 권리right보다는 책임responsibility을 중시한다. 이에 따라 공동체주의자들은 덕성virtue의 필요성을 역설한다. 진정한 정의를 위해 우리는 참된 삶의 의미를 함께 고민하고, 도덕을 앞세워 정치에 적극적으로 참여해야 한다는 것이다. 가치중립적 방임에서 벗어나 가치판단에 따른 적극적 참여가 정의사회를 위해 절실하다는 입장이다. 이는 자연스럽게 정치와 도덕의 결합으로 이어진다. 일종의 탈脫마키아벨리즘이라고 하겠다. 마키아벨리로 대표되는 '정치와 도덕의 분리' 주장을 비판하며, 오히려 도덕과 종교가 적극적으로 정치에 참여하여 정치의 윤리성을 높여야 한다고 주장한다. 이러한 견해는 20세기 후반에 들어와서 강조되지만 실은 고대 그리스 철학자 아리스토텔레스Aristoteles도 같은 견해를 밝혔고, 『정의란 무엇인가』라는 책으로 우리에게도 널리 알려진 마이클 샌델Michael J.Sandel이 공동체주의를 대표한다.

　세 이론은 각각 아킬레스건을 갖고 있다. 공리주의의 아킬레스건은 인간의 욕망은 그 끝을 모른다는 사실이다. '나의 행복이 남의 불행이 되는' 역설적 상황도 적지 않으며, 더구나 사익私益과 공익公益이 항상 같은 방향으로 가는 것도 아니다. 개인적 이익이 사회적 이익과 충돌하면서 오히려 심각한 갈등을 겪는 경우도 흔하다. 바로 이러한 점들을 공리주의자들은 간과했고, 이 때문에 많은 비판을 감수해야만 했다.

　자유주의 또한 현실에서 문제점을 드러냈다. 가장 두드러지는 점은 공동체 의식과 사회적 책임의식이 약화된다는 것이다. 자유를 지나치게 강조함으로써 개인들은 공동체의 일이나 주변 사람들의 고통에 무관심 내지는 무책임하고, 오직 자신의 삶에만 집중함으로써 사회에 대한 책임과 의무에 소홀해질 수 있다. 자기중심적인 태도에 빠질 수 있다는 것이다. 이러한 개인주의적 삶은 공동체의 기반을 약화시키고, 사회적 연대성을 무너뜨릴 위험을 내포하고 있다는 점에서 비판받고 있다.

　공동체주의는 개인주의의 확산에 따른 도덕성 붕괴와 사회적 파편화에 대한 비판적 반성에서 비롯되었다. 하지만 개인이 공동체의 전통과 가치관에 가려져 자유로운 삶이 제한될 수 있고, 기존의 질서가 강조되면서 다양한 삶의 가치를 인정하는 다원주의가 위협받으면서 사회가 보수화될 가능성이 높다는 우려가 제기되고 있다.

　이제 시선을 돌려 동양을 보자. '정의正義'라는 한자어를 풀어보면 정正자는 '한 일一' 밑에 '멈출 지止'를 쓴다. 여기서 '한'은 하나라는 숫자의 개념만이 아니라 '큰, 모든, 완전한'의 뜻과 함께 '하늘'을 의미하기도 한다. 그래서 정正자를 파자破字하면 '하늘一 아래 멈춘다止'는 뜻이 된다. 하늘처럼 높은 가치 앞에서는 발걸음을 멈추는 것이 올바른 일이라는 것이다. 결국 정의는 올바른 일이 실현된 상태를 뜻한다. 이때 올바름이란 맹자孟子가 말한 '인의仁義'에 해당된다. 아리스토텔레스와 같은 시대를 살았던 맹자는 '인의'를 정의의 근본으로 삼았다. 어진 마음을 뜻하는 '인仁'은 남을 불쌍하게 여기는 측은지심惻隱之心이며, '바르지 못한 자신을 부끄러워하고 남의 옳지 못함을 미워하는 수오지심羞惡之心'이다. 다른 말로 하면 타인을 배려하여 기꺼이 자신을 양보하고 희생하려는 '멸사봉공滅私奉公'의 정신이 동양의 정의관이라 할 수 있다. 더 나아가 모두가 더불어 사는 세상을 만들려는 대동사회大同社會가 동양에서 이루고자 했던 정의 사회인 것이다. 이런 점에서 공동선共同善을 위한 헌신에 주목한 서구의 공동체주의와 서로 통한다고 할 수 있다.

인간의 정의, 법

역사적으로 동양과 서양은 도덕과 종교적 신념이 정의사회의 바탕을 이룬다고 보았다. 이른바 '하늘의 정의'를 공유했다. 그러나 근대에 들어서면서 정의를 제도화하려는 움직임이 활발해졌다. 이런 움직임은 서양에서 먼저 시작되었다. 과거 인간의 사랑과 종교의 가르침을 기반으로 하는 '하늘의 정의'와는 달리 법과 제도를 기반으로 하는 '인간의 정의'가 강조된다. 17세기 이후 이성에 대한 믿음이 강해지면서 '신神'의 품을 박차고 나온 인간은 '정의'를 구체적인 제도를 통해 이루려고 한다. 특히 18세기 무렵 유럽의 시민혁명을 계기로 '정의'가 빠르게 명문화되는데, '법'이 바로 그 결실이다. 정의를 법조문화해서 모두가 의무적으로 지킬 것을 강제했고, 어길 경우에는 '응징'을 해야 한다고 믿었다. 이후 도덕과 사랑에서 출발한 '하늘의 정의'는 점차 법을 기초로 한 '인간의 정의'로 대체되면서 현대에까지 이르렀다. 이러한 서구의 변화는 전 세계에 영향을 주어, 마침내 동양에서도 전통적인 윤리를 대신해서 법이 크게 부각되었다. 이제 인간이 만든 법을 이용해서 정의를 실현하려는 '인간의 정의' 시대가 도래한 것이다.

'법은 도덕의 최소한'이라는 말이 있다. 이는 사회구성원들 간에 이루어진 최소한의 약속이 법이라는 것이다. 이때 '최소한'의 의미는 정말 '작은 것'을 가리키는 것인 동시에 '꼭 지켜야 하는' 혹은 '잃어서는 안 되는' 무엇을 뜻한다. '최소한의 도덕'을 법으로 규정한다 할 때 '최소한'은 '잃어서는 안 되는' 그래서 '반드시 지켜야' 하는 도덕이라는 의미다. 따라서 사회구성원들은 당연히 이를 지켜야 할 의무를 갖는다. 한마디로 법은 도덕을 바탕으로 해야 하며, 그래야만 법 또한 존중받고 실행될 수 있다는 것이다.

미국의 대통령 아이젠하워는 "문명사회가 생존하고자 한다면 법의 지배rule of law를 선택해야만 한다"고 주장했다. '법의 지배'라는 사상은 그리스 철학자 아리스토텔레스까지 거슬러 올라가지만, 대중적으로 알려지게 된 것은 1885년 헌법학자 앨버트 다이시Albert Venn Dicey가 쓴 『헌법학

▶ 앨버트 다이시 '법의 지배'를 주창한 영국의 헌법학자. '법의 지배'란 법치주의의 한 유형으로, 지배자의 전제적인 권력행사를 억제할 목적으로 제기된 법이념이다. '인(人)의 지배'나 '폭력의 지배'를 배제하며, 국왕이나 국가기관을 막론하고 누구든지 법원이 행사하는 보통의 법(regular law)의 지배를 받는다는 원리를 말한다.

개론』을 통해서다. 다이시는 "법 위반이 증명된 경우를 제외하고 누구도 처벌될 수 없다. 어느 누구도 법 위에 존재하지 않으며 사회적·경제적·정치적 지위와 관계없이 모든 사람이 법 앞에 평등하다."는 점을 강조했다. 이런 '법의 지배'라는 신념이 확산되면서 이제 법이 지배하는 사회를 구현하는 것, 즉 법치주의法治主義가 바로 정의로운 사회를 약속해준다고 생각하게 되었다. 모든 사람이 법 앞에 평등하고, 법 집행이 공정한 정의사회를 지향했다. 법의 지배는 사회가 지향하는 공정한 사회의 토대가 된 것이다.

법이 법으로서 기능을 제대로 하려면 전제돼야 할 것이 있다. 먼저 그 법이 지킬 수 있는 법이어야 한다는 것이다. 법이 불공평하다든지, 정의에 반하는 내용이 담겨 있다거나 혹은 지나치게 엄격해서 개인의 생활을 지나치게 제한한다면 법적 형평성·타당성을 상실하게 된다. 이와 더불어 생각해야 할 것은 사회구성원이 그 법을 지킬 의사가 있는지 여부를 살피는 일이다. 규정된 법을 받아들이고, 이를 위반했을 때 그에 따른 제재를 감내하느냐 하는 것이다. 법은 사회구성원의 동의에서 비롯돼야 한다는 점이다. 바로 법적 정당성 문제다.

법은 정의의 백기사인가?

법에 의한 정의 실현이라는 목표가 일상에서 얼마나 현실화되고 있을까? 오바마 대통령은 "미국에는 두 개의 법이 있을 수 없다"고 했다. 이는 모든 국민이 법 앞에 평등하다는 뜻으로 신분, 인종, 성별에 따라 적용되는 법이 다를 수 없다는 것이다. 두 개의 법이 있다는 것은 두 개의 사회, 두 개의 신분이 존재한다는 말과 같다. 백인과 흑인에게 적용되는 법이 다르고, 재산 정도에 따라 차별을 두고, 남녀가 엄격하게 구분되며, 지배자와 피지배자가 따로 나누어졌다면 그 나라는 공정한 나라일 수 없다. 법적으로 특권을 누리는 자가 있다면 그들은 '귀족'이다. 따라서 법적 평등성은 공정한 사회가 반드시 따라야 할 철칙이다.

대한민국은 법치국가다. 그렇게 들었고, 우리는 그렇게 알고 그러리라 믿고 있다. 그런데 현실은 이에 대해 의구심을 갖게 하는 경우가 많다. 지금도 우리는 '유전무죄 무전유죄有錢無罪 無錢有罪'라는 말을 듣고, 언론을 통해 눈으로 보고 있다. 디케의 눈가리개가 풀어져 법이 사람을 구분하고 있다. 정확하게는 법이 아니라 법을 만들고, 지키고, 집행하는 자들이 '이 사람'과 '저 사람'을 구분하고 법 앞에서 다른 대접을 받게끔 하고 있다. 정의의 여신이 들고 있는 저울이 균형을 잃고 기울어져 있다. 사람들이 느끼는 법 감정만으로 볼 때 '법은 두 개다'. 그건 분명 법이 공평하지 못하다는 것으로, 달리 표현하면 정의롭지 못하다는 것 아니겠는가! 법적 평등성이 의심스럽다.

"악법도 법이다." 소크라테스가 남겼다고 알려진 유명한 말이다. 법이 비록 완벽하지 못해서 억울한 점이 있다 해도 지키는 것이 당연하다는 것이다. 이란에서 있었던 일이다. 한 여성이 간통 등의 혐의로 '투석 처형'될 위기에 처했다. 이에 국제적으로 많은 사람들이 '광장에서 돌을 던져 사형을 집행하는 처형 방법'에 반대했다. 간통죄에 대한 찬반이 아니라 그에 대한 법적 처벌이 비윤리적이고, 여성에게만 적용되는 차별적 규정이라 받아들일 수 없다는 것이었다. 법에 의해 정의가 오히려 훼손되고 있다는 비판이었다.

법학자

주세페 아르침볼도 | 1566년 | 캔버스에 유채 | 64×51cm | 스톡홀름 국립미술관

닭의 몸통, 턱이 뽑힌 새, 비틀린 물고기 등을
결합시켜 법학자를 혐오스럽게 표현했다

합법적이라고 해서 모두 도덕적인 건 아니다. 법에 의해 오히려 인간의 존엄성이 짓밟히는 경우가 비단 노예사회에서만 있던 게 아니다. 옛날 옛적에는 출생, 근대에선 피부색, 21세기엔 이념·계층·힘 등의 이유로 차별과 적대감이 팽배해졌고, 남성들은 모르지만 여성들이 절실하게 느끼는 성적 차별이 아직도 일상에서 움직이고 있다. 법에 의한 독재가 우리에게도 현대사였다. 과연 '악법도 법'인가! 소크라테스처럼 기꺼이 독배를 마셔야 하는가!

옳고 그름에 대한 법적 판단도 쉬운 일이 아니다. 현대 사회가 너무 복합적이고 다원화됐다. 대형마트에서 판매하는 피자에서 시장경제와 약자보호라는 정의 규범이 충돌하고, 골목상권 보호(예_기업형 슈퍼마켓 영업 제한)에서 글로벌 경쟁과 친서민 온정주의가 마찰을 겪는다. 평등을 따르면 경쟁력이 죽는다 하고, 경쟁력을 강조하면 약육강식의 정글이 된다.

차가운 법으로 인간을 벌하면서 정의를 바로 세운다는 것이 오히려 정의롭지 못한 것은 아닐까! 불의에 대해 엄하게 징벌하는 것이 과연 정의의 목표였던가? 불의를 저지른 인간을 올바른 길로 이끌려는 것이 정의로운 길이라고 한다면, 벌을 가하는 것과 사랑으로 용서하는 것 가운데 어느 것이 더 의미가 있을까? 얼음을 녹이는 데는 찬물보다는 따뜻한 물이 더 낫다는 사실을 깨달은 많은 사람들이 정의를 다시 생각하며 던진 물음이다.

정의의 두 얼굴

정의가 아름다운 까닭은, 그것이 인간의 편이기 때문이다. 돈, 명예, 권력이 인간을 내쳐도 정의만큼은 인간의 곁을 지킨다. 그래서 정의는 양심적이다. 영어로 양심을 'conscience'라고 하는데, 그 어원은 라틴어의 'conscientia'로 '함께 안다'는 뜻이다. 다른 사람들과 더불어 안다는 것이다. 이것은 곧 정의가 상식과 다를 바 없다는 뜻이기도 하다. 상식이란, 바로 본능적·이기적 마음을 스스로 제어하도록 잡아주는 힘이 아니던가. 정의와 다를 것이 없다. 결국 정의는 양심적으로, 상식적으로 사람을 마주하며 살아가는 것을 말한다고 하겠다.

《논어》의 자로편에 있는 이야기다. 섭공이 공자에게 말하기를 "우리 고장에 정직한 사람이 있는데, 그 아버지가 양을 훔치자 관에 그 사실을 고했다"고 했다. 이에 대해 공자는 "우리 고장의 정직한 사람은 이와 다르다. 아버지는 자식을 위해 숨기며, 자식은 아버지를 위해 숨기니, 정직함이란 그 안에 있는 것"이라고 답했다. 공자는 '정직함'이란 사람의 순수한 감정이 그대로 드러난 것이라고 보았다. 아버지가 남의 양을 훔쳤으면, 자식은 그 사실이 드러나기를 바라지 않는 게 정상이다. 자기 아버지가 양을 훔쳤다고 고발하는 것은 하늘의 이치天理를 거역하는 것이며, 인간의 도리人情에서 벗어난 것이다. 따라서 이를 정직하다고 볼 수는 없다는 것이다.

최근 큰 인기를 얻었던 뮤지컬 영화 〈레 미제라블〉에는 두 인물이 대비된다. 법에 의한 정의를 믿는 자베르 경감과 사랑과 용서로 정의를 실천하는 미리엘 주교다. 절도죄를 지어 19년 만에 출옥한 장 발장이 이

두 사람과 서로 상반된 만남을 갖는다. 서로 대비되는 만남은 바로 '정의'의 두 얼굴을 보여준다. 미리엘 주교가 보여주는 '하늘의 정의'와 자베르 경감이 신봉하는 '인간의 정의'다. 전자는 사랑의 온기로 '살리는 정의'였고, 후자는 엄한 응징을 수반하는 '죽이는 정의'였다. 사랑과 용서로 이루어진 하늘의 정의는 따뜻했고, 법과 형벌이라는 인간의 정의는 차가웠다.

1990년대 중반 텔레비전에서 큰 인기를 얻었던 만화 영화 〈세일러문〉을 기억하는가? 정의라는 이름으로 불의不義를 범하는 과정이 그 주된 내용이었다. 이 만화 영화가 퍼뜨린 유행어가 있었다. "정의의 이름으로 너를 용서하지 않겠다." 이 외침은 옳지 못한 것에 대해 엄하게 벌을 가하면서 결코 용서와 관용을 받아들이지 않겠다는 강한 의지를 나타낸다. 이것 역시 '차가운 정의', '날카로운 이성', '단호한 징벌'을 따르는 '인간의 정의'였다.

마이클 토마셀로Michael Tomasello가 『이기적 원숭이와 이타적 인간』에서 말했듯이 인간은 호랑이처럼 홀로 어슬렁거리는 존재가 아니다. 인간은 개미처럼 서로 도우며 사는 협력가다. 도움이 필요한 사람을 보고 도와주려는 것은 배워야 할 수 있는 행동이 아니라, 타고난 본능이다. 달라이 라마는 현대인이 불행한 이유 중 하나로 공동체 의식의 결여를 꼽는다. 아무리 부자라도 사랑을 나눌 이웃이 없다면 고작 애완동물만 곁에 남을 뿐이라고 지적한다.

역사는 말한다. 국가가 발전하기 위해서는 어느 누구의 사익私益보다 모두가 함께 잘사는 공동의 이익을 우선해야만 한다고. 영어의 바보idiot는 그리스어 'idios' 즉 '혼자 있음'에서 나왔다. '앞으로 나란히'의 무한 경쟁이 아닌 '좌우로 나란히'의 공존공영이 우리가 가야 할 길임을 분명하게 기억하자. 인류가족human family이 되는 것이다.

호모 에코노미쿠스에서 호모 키비쿠스로

위기의 가장 큰 원인은 가치의 혼란이다. 정의가 실현되기 위해서는 가치 기준이 정립되어 있어야 한다. 지금의 위기는 그 기준이 무너졌거나, 시대에 맞는 기준을 마련하지 못했기 때문이다. 빵의 민주화가 절실하다는 점을 우린 잘 알고 있다. 하지만 사람은 경제적 인간, 즉 '호모 에코노미쿠스homo economicus'로만 살아가는 것이 아니다. 모두가 용이 되고자 하는 성공지상주의로 인해 '가진 자'와 '못가진 자'의 거리가 점점 멀어졌고, 지금처럼 이렇게 살벌해졌다. '호모 에코노미쿠스'를 넘어 서로 우정을 나누며 유대감을 키워가는 시민, 즉 '호모 키비쿠스hosmo civicus'로서의 삶이 더욱 절실하다.

모두가 함께 잘 사는 공동의 이익을 주목해야 한다. 이기는 것만이 아니라, 같이 사는 법을 익혀야 한다. 그러기 위해서는 '무엇을 할 것인가'를 고민해야겠지만, 이에 앞서 '무엇을 하지 말아야 할 것인가'를 생각하는 것은 어떨까. '해야 할 일'은 무수히 많다. 오히려 '하지 말아야 할 일'을 하나하나 찾아가는 것이 더 쉬울 수 있다. '하지 말아야 할 것'을 가려내다 보면 자연히 '해야 할 것'이 분명해질 것이다. '하지 말아야 할 것'을 하나씩 찾아가면서 이를 삼가하는 것 자체가 진정 '해야 할 일'이다. 빠른 길 보다 바른 길을 걷고, '좋은 것' 보다는 '옳은 것'을 하기 위해 먼저 '하지 말아야 할 것'부터 찾아서 정리해 보자. 잡초를 자꾸 뽑아야 작물이 건실해진다.

뿌리는 내버려두고 가지에만 물을 줄 수는 없다. 아무리 시대와 공간이 다르다 해도 꼭 간직해야 할 '최소한'의 것은 존재한다. 앞에서 '최소한'이란 가장 '작은 것'이 아닌, '꼭 지켜야 하는' 혹은 '잃어서는 안 되는' 핵심적인 것을 뜻한다고 했다. 그 최소한의 것이 바로 인간성, 휴머니즘이다. 인간에 대한 존엄성을 잊지 않고, 이를 바탕으로 학력 · 출신 · 종교 · 남녀 · 빈부 등의 차이를 초월해서 모든 사람을 대등한 관계에서 바라보려는 인간 평등에 대한 각성이 바로 휴머니즘이다.

이러한 휴머니즘 정신에 기초해서 그동안 우리는 차별이 아닌 차이를 인정하는 사회적 관용을 호소해 왔다. 남녀의 생물학적 차이가 사회적 차별의 근거가 될 수 없음을 배우고 가르쳐 왔다. 피부색이 우열의 기준이 될 수 없고, 빈부의 차이가 상하를 뜻하는 것이 아님을 역사로부터 배웠다. 또한 차이를 인정하는 관용의 사회를 위해서는 자유와 인권이라는 보편적인 가치뿐만 아니라 개인의 사회적 책임과 윤리의식도 함께 필요하다는 사실도 깨닫게 되었다.

여기서 한 가지 더 주목할 것이 있다. 차이를 인정하려는 자세는 물론 중요하다. 하지만 인간이 지닌 보편적 특성에는 차이가 없다는 점을 먼저 기억해야 한다. 예를 들어 남녀의 차이를 구분해서 이해하기에 앞서 남자든 여자든 우리는 모두 '인간'이라는 사실을 확인하는 것이다. 인간은 행복을 추구하고 고통을 피하려는 존재다. 내가 그런 존재라면 다른 사람들도 모두 그렇다는 점을 인정해야 한다. 여기에 남녀의 차이는 없다. 행복한 삶은 다양한 모습으로 나타나겠지만 그런 행복을 추구하려는 인간의 꿈은 누구나 한결같다. 따라서 그러한 인간으로서의 희망은 그 누구도 꺾을 수 없으며, 성별·문화·종교로 인해 구분할 수 없는 것이다. 따라서 차이점을 찾기 이전에 무엇이 인간으로서 본질적인 가치인지를 더 먼저, 훨씬 깊이 있게 성찰해 봐야 한다.

꿈은 행동으로 현실이 된다

인간의 존엄성은 인정받아야 하고 개인의 자유는 보장돼야 한다. 한편 이러한 자유가 보장되기 위해서는 모든 사람이 평등하다는 사실을 늘 품고 살아야 한다. 따라서 법적인 권리right 못지않게 사회적 책임responsibility도 필요하다는 점을 명심해야 한다. 각자의 자유를 강조하고 오직 자신의 삶에만 집중함으로써 사회에 대한 책임과 의무에 소홀했던 건 아닌지 돌아봐야 할 때다. 모두가 평등한 인격체로서 누구도 타인의 간섭을 받아서는 안 되고, 또 누구도 타인을 간섭할 수 없다는 보편적 가치는 이제 상식에 해당된다.

그렇지만 밥을 입으로 지을 수는 없다. 양명학자 왕양명王陽明은 "앎은 행위에서 시작되고, 행위는 앎의 완성"이라고 했다. 꿈은 행동으로 현실이 된다. 신호등 빨간불에서 멈춰야 하는 것은 모두 알고 있다. 그러나 한적한 길에서 우린 빨간불에도 건너가고 있다. 몰라서 안 한다기보다 알면서도 안 하는 것이 일상이다. 정의로운 미래는 만들어가는 것이지 객관적으로 전망하는 게 아니다. '어떻게 하면 헐크의 옷이 찢어지지 않을까?'라는 질문에 우리는 혀를 통한 대답이 아니라 올바른 삶으로 대답해야 한다.

배운 지식은 종이 안에 갇혀 있어서는 안 된다. 공동가치는 목표의 공유가 아닌 과정의 공유다. 꿈은 행동으로 꾸는 것이다. 좋은 제화공은 구두를 만들 때 구두 만드는 지식보다 사람 발에 대한 지식을 더 중시하면서 구두를 만든다고 한다. 모두 함께 공동가치를 찾아 가는 삶, 옳은 것right을 행하면서 사는 삶 그것이 바로 정의다.

정의의 나침반은 적자생존이 아닌 공감생존을, 나 먼저me first에서 우리가 먼저we first임을, 이기는 법이 아니라 같이 살아야 됨을 보여주고 있다. 결코 서둘지는 말자. 하루치 숨을 한 번에 몰아쉴 수 없는 것처럼 지속적으로 꾸준히 애써야 한다. 속도가 아니라 방향이며, 그곳을 향한 출발은 일상적 삶에서부터 시작돼야 한다. 지지고 볶는 일상보다 더 훌륭한 법당은 없다지 않는가. 새 옷을 입으려면 입던 옷부터 벗어야 한다. 지금이 바로 그때다.

 마석한

역사교육학자. 동국대학교 역사교육과에서 학사, 석사를 마치고 독일 빌레펠트 대학과 에어랑엔 뉘른베르크 대학에서 역사교육과 서양사를 전공해 철학박사학위를 받았다. 한국교육과정평가원 연구원과 교육연구소 소장을 거쳐 지금은 동국대학교, 공주대학교, 청강문화산업대학교, 한국폴리텍여자대학교에서 강의를 하고 있다. 「조선후기 고리대자본에 관한 일연구」, 「독일역사교과서 분석」, 「남북 역사교육의 통합 방향」, 「헝가리의 사회변혁과 역사교육」, 「바이마르공화국 헌법」, 「루터의 종교개혁」, 「독일 역사교과서에 서술된 한국 역사」, 「동서독 통일과 역사교육학」, 「역사교과서와 교과서 분석」, 「역사교육과 환경사, 어떻게 만날 것인가」 등 다수의 논문을 발표했다.

originality

창의

창의적인 삶의
역할 모델,
조선 지리학자
김정호

인간에게는 두 가지 충동이 있다.
하나는 창조 충동, 다른 하나는 소유 충동이다.
인간의 진정한 행복은 창조 충동을 계발하고 강화하는 데 있다.
창조 충동이야말로 새로운 삶을 여는 열쇠이다.
_버트란트 러셀

나는 우리나라에서 고서를 가장 많이 소장한 국립중앙도서관의 고서전문원으로, 주로 고지도와 지리지를 맡고 있다. 고서전문원인 나에게 '창의'라는 단어를 듣고 가장 먼저 떠오르는 인물이 누구냐고 물으면 나는 단연 조선의 지리학자 김정호金正浩를 꼽는다. 내가 지리학자 김정호를 연구하기 시작한 것은 2003년이다. 그의 작품을 분석하는 일은 나에게 매우 흥미로운 작업이었다. 사람들에게 꼭 필요한 지도를 만들기 위한 그의 노력이 곳곳에 스며 있을 뿐만 아니라 반짝반짝 빛나는 그의 아이디어가 매우 놀라웠기 때문이다.

김정호에 대한 '오해'부터 풀어보자!

잘 알다시피 김정호는 《대동여지도》를 만든 인물이다. 남북 약 6.6m에 달하는 거대한 《대동여지도》는 그 크기만으로도 눈길을 사로잡는다. 백두산으로부터 한반도 구석구석까지 뻗어 있는 산줄기의 모습에 또 한 번 놀란다. 그러나 김정호가 《대동여지도》 한 작품만 남긴 것은 아니다. 1866년경 60여 세로 죽을 때까지 그는 목판본 《대동여지도》(22첩)를 포함하여 《청구도》(2권), 《동여도》(23첩) 등 10종의 대축척 전국지도를 만들었다. 또 보급용 낱장의 목판 지도 5종과 고을 단위의 전국지리지 5종 85권을 편찬했다. 현재도 그의 작품은 계속 발견되고 있는 중이다.

김정호 연표

1804 (추정)
• 출생

1820~1833
• 《조선도(朝鮮圖)》26책 계통 제작:오사카부립나카노시마도서관 소장
• 《동여도(東輿圖)》17첩 계통 제작:츠쿠바대학교도서관 소장
• 『동여편고(東輿便攷)』2책 편찬 시작

1834
• 《청구도(靑邱圖)》2책 편찬
• 최한기의 부탁으로 〈지구전후도(地球前後圖)〉 판각

1835~1845
• 『동여편고』2책 편찬 완료
• 『동여도지(東輿圖志)』20책 편찬
• 서울지도인 목판본 〈수선전도(首善全圖)〉 간행
• 《청구도》2책 1차 개정판 제작

1846~1849
• 《청구도》2책 2차 개정판 제작
• 《청구도》2책 3차 개정판 제작
• 세계지도인 목판본 〈여지전도(輿地全圖)〉 제작

1850~1856
• 대영도서관 소장 『동여도지』 3책 편찬
• 최성환과 공동으로 『여도비지(輿圖備志)』20책 편찬
• 필사본 《대동여지도》14첩 제작: 국립중앙박물관 소장
• 필사본 《대동여지도》18첩 제작: 국립중앙도서관 소장

1856~1859
• 필사본 《동여도(東輿圖)》23첩 제작

1861
• 목판본 《대동여지도(大東輿地圖)》22첩 간행
• 『동여도지』20책 서문 완성

1861~1866 (추정)
• 목판본 《대동여지도》22첩 개정판 간행
• 목판본 〈대동여지전도(大東輿地全圖)〉 간행
• 『대동지지(大東地志)』15책의 편찬 시작과 일부 미완성

그동안 알려진 김정호의 일대기 대부분은 정확하고 자세한 지도를 제작하기 위한 피나는 노력으로 꽉 채워졌다. 정확한 측량 정보를 스스로 확보하기 위해 백두산을 일곱 번 오르내리고, 전국을 세 번에 걸쳐 답사하였다는 등의 이야기가 아무런 의심도 받지 않는 전설이 되었다. 1970년대 이후 꾸준히 백두산 등정설과 전국답사설에 대해 의문을 제기하는 여러 글들이 나왔음에도 불구하고 대다수 일반인과 다수의 연구자는 김정호에 대한 전설을 버리려 하지 않았다.

결론부터 말하자면 김정호는 지도를 제작하기 위해 전국을 돌아다니지 않았다. 그렇다면 그는 어떻게 지도를 만들었을까? 김정호가 지도를 만드는 데 가장 많이 활용하고 참고한 것은 바로 이미 만들어진 여러 지도와 지리지였다.

그는 이런 사실을 《청구도》의 「청구도범례」에 직접 써서 남겼다.

내가 확보한 지도와 지리지들 사이에 거리와 방향의 위치 정보가 서로 다른 것이 꽤 있는데, 현재로서는 어느 것이 옳은지 판단하기 어려워 내가 주로 참조한 옛 지도의 것을 그대로 따르고 나중에 누군가가 교정해 줄 것을 기다린다.

▶ **백두산 등정설과 전국답사설** 김정호의 일대기는 1925년 동아일보의 '고산자를 懷함'이란 장문의 기사에서 최초로 다뤘다. 식민 지배를 받고 있는 조선인들에게 희망의 메시지를 전하려는 의도에서 기획된 것으로 보인다. 그런데 조선에도 일본 근대의 최고 지도학자인 이노 다다타카(伊能 忠敬)보다 위대한 인물과 지도가 있었음을 강조하기 위해서 없는 사실을 만들어냈다. 김정호가 이노 다다타카처럼 전국을 실측하여 지도를 제작했다고 알리기 위해 전국답사설, 백두산 등정설이 만들어졌고, 또 이노 다다타카가 국가의 지원을 받은 반면, 김정호는 국가의 지원 없이 대동여지도를 제작했다고 강조하여 더 위대하게 보이고자 했다.

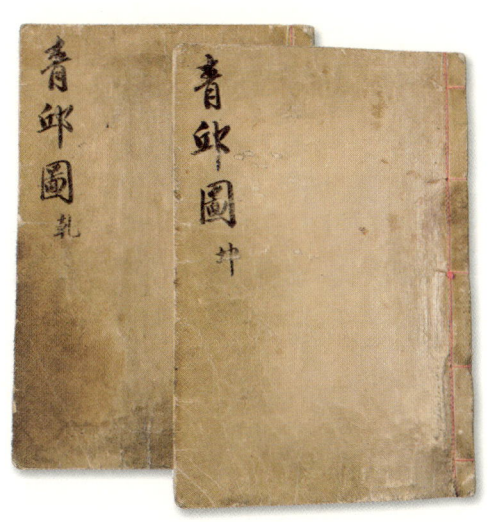

《청구도》

두 권으로 이루어진 대축척지도. 책머리에는 최한기의
서문이 수록되어 있는데, 《청구도》가 어떻게 제작되었
는지 상세히 설명하고 있다. 다음으로는 《청구도》의
제작과정을 소상히 밝힌 김정호의 「청구도범례」가 나
온다. (국립중앙도서관)

김정호의 친구 최한기崔漢綺 역시 《청구도》의 서문인 「청구도제靑邱圖題」에서 김정호가 조선의 지도와 지리지를 수집하여 비교·검토한 후 《청구도》를 제작한 사실을 적어 놓았다.

(나의) 벗 김정호는 나이가 동관(童冠)일 때부터 지도와 지리지에 깊이 뜻을 두고 오랫동안 찾아 열람하여, 여러 방법의 장점과 단점을 자세히 살폈다. 매번 한가한 때를 만나 수집한 것을 세세하게 살펴 제작 방식을 견주어 보니 (중략) 그 문제점을 개선하기 위해 전도를 구역에 따라 나누었는데, 이것은 우왕이 정전을 구획한 것을 본받은 것이고, 가장 자리의 선에 글자를 쓴 것은 태평성대를 (이룰 수 있게 하는) 달력의 표시 방법을 모방한 것이다.

김정호가 방방곡곡을 돌아다니며 현장을 직접 돌아본 후 지도를 만든 것이 아니라 지도와 지리지 등의 자료를 바탕으로 지도를 제작했다는 사실을 듣고 실망하는 이들도 있을 것이다.

그러나 나는 김정호의 작품을 분석하면서 오히려 이 점을 높게 평가하게 되었다. 이것은 그가 지도를 그린 목표와도 관련이 있는데, 그는 알려진 것처럼 '어떻게 하면 정확한 지도를 만들까'를 첫 번째로 고민하지 않았다. 그의 최대 고민은 '어떻게 하면 이용하는 이들이 원하는 지도를 만들까'였다. 그렇기 때문에 기존의 지도들을 비교 분석하여 더 발전시킬 수 있는 방법을 찾은 것이다.

그가 분석한 것은 다른 이들이 만든 지도만이 아니었다. 그는 자신이 만든 지도 역시 더 발전시킬 방안을 고민해 수없이 많은 개정판을 만들었다. 《청구도》는 그의 나이 30세쯤인 1834년에 세상에 완성본으로 나타냈고, 1849년까지 3차에 걸쳐 개정판을 내는 등 총 네 종류의 《청구도》를 만들었다. 《대동여지도》 역시 세 번에 걸쳐 개정판을 만들었다.

'유'에서 새로운 '가치'를 만들어낸 김정호의 창의 정신

김정호의 작품을 분석하면서 나는 자연스럽게 '창의력'에 대해 생각할 기회가 많았다. 사전적 의미로 창의력은 '새로운 것을 생각해내는 능력'이다. '새롭다'는 '지금까지 있은 적이 없었던 것'에 붙이는 단어로, 새로운 것을 생각해내는 창의력은 지금까지 없었던 것을 생각해내는 능력이라고 말할 수 있다. 그래서 우리는 새롭게 생각해내거나 만들어내는 것을 '무無에서 유有를 창조해내는 것'으로 착각하는 경향이 있다.

나 역시도 창의력은 이 세상에 없는 새로운 것, 새로운 생각, 혹은 새로운 시스템 등이라고 생각해 왔던 게 사실이다. 하지만 곰곰 생각해 보니 그 어떤 새로운 것도 그동안 있었던 '유有'를 토대로 '새롭게 만들어진 유有'일 뿐이다. 여기서 새롭게 만들어진 '유有'는 기존에 있었던 것을 바탕으로 새로운 가치가 더해져 전혀 새로운 '유有'가 되는 것이다. 이를 잘 보여주는 예가 나에게는 김정호였다. 거듭 강조하는데, 그는 이 세상에 없는 새로운 지도를 만들기 위해 노력한 지리학자가 아니다. 그는 이용하는 사람들이 원하는 지도를 만들기 위해 기존의 지도와 지리지를 세심하게 관찰하고 분석하여 이용자들에게 새로운 가치를 만들어 냈다. 이것이 바로 내가 김정호의 삶을 보며 '창의'라는 단어를 떠올리게 된 이유이다.

《청구도》에 불어넣은 새로운 가치

그럼 지금부터 김정호가 기존의 지도와 지리지를 바탕으로 어떤 새로운 가치를 만들어냈는지 작품을 통해 살펴보겠다. 김정호 하면 대부분 《대동여지도》를 먼저 떠올리지만 김정호의 창의적인 아이디어가 가장 발휘된 《청구도》를 중심으로 이야기를 해보려 한다.

앞에서 김정호가 《청구도》를 만들 때 '내가 주로 참조한 옛 지도'라고 했던 것을 기억할 것이다. 다행히 그가 주로 참조한 지도가 무엇인지 밝혀져 현재도 전해지고 있는데, 바로 2008년 12월 보물 제1593호로 지정된 국립중앙도서관 소장 《해동여지도海東輿地圖》이다.

총 3권으로 이루어진 《해동여지도》는 당시로서는 상당히 혁신적인 고을지도책이었다. 《해동여지도》는 고을의 크기에 관계없이 한 고을을 한 장에 모두 보여주는 것을 원칙으로 했다. 고을은 20리마다 가로세로 눈금선을 그려 표현했는데, 고을의 크기가 일정하지 않았으므로 작은 고을은 20리 간격을 크게, 큰 고을은 20리 간격을 작게 그려 지도책의 크기에 맞췄다. 20리 간격으로 나누어진 눈금선은 지도를 정확하게 그리거나 베낄 때 기준선이 되었을 뿐만 아니라 지도 위의 실제 거리를 알 수 있게 하는 축척의 역할도 했다.

김정호는 《해동여지도》를 이용하는 사람들의 입장에서 면밀히 관찰했다. 그 결과 몇 가지 문제점을 발견했다. 그중 가장 큰 문제점은 한 장에 한 고을을 보여주기 위해 고을마다 20리 간격을 다르게 설정한 데서 비롯되었다. 당시 조선은 가장 큰 고을과 작은 고을의 면적이 20배 이상 차이가 났다. 그러다 보니 20리 간격의 눈금선이 평안도의 강계처럼

《해동여지도》

김정호가 《청구도》를 만들 때 가장 많이 참조한 지
도. 《해동여지도》 계통의 최초 제작자는 신경준(申景濬.
1712~1781)이다. 그는 1770년에 영조의 명을 받들어
약 9개월 만에 모두 이으면 남북 약 5.33m에 가까운
대축척 고을지도책·도별도·전도를 제작했다. 원래는
모든 고을마다 약 4.1cm의 동일한 간격으로 눈금선을
긋고 인접 고을과의 경계선이 딱 맞도록 그렸다. 그러
다 보니 평안도의 강계처럼 엄청나게 큰 고을의 경우
몇 번을 접어서 책에 수록하는 문제점이 발생하였고,
이것을 해결하기 위해 개정된 것이 바로 《해동여지도》
3책 계통이다. (국립중앙도서관)

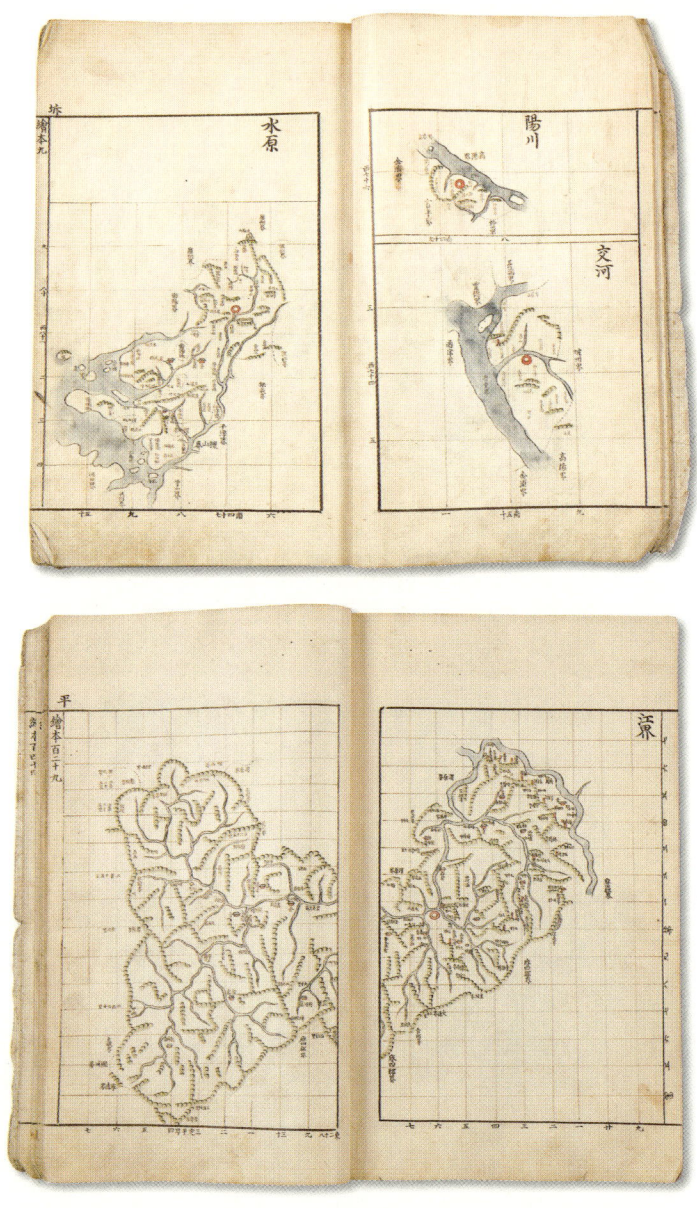

《해동여지도》의 경기도의 수원/양천 · 교하(위)
평안도의 강계(아래)(국립중앙도서관)

아주 큰 고을은 아주 좁게, 양천·교하처럼 아주 작은 고을은 아주 넓게, 수원처럼 중간 크기의 고을은 중간 간격으로 그어져 있다. 이렇게 20리의 간격을 고을마다 다르게 설정하다 보니 모든 고을의 경계선을 맞추어 이어보기가 어려울 수밖에 없었다. 또한 고을마다 따로 그리는 것을 원칙으로 했기 때문에 전문적 지식이 없는 일반 이용자의 경우 고을들이 어떻게 서로 연결되는지 알기 어려웠다.

세상에서 가장 찾아보기 쉬운 대축척지도의 탄생

김정호는 이런 문제점을 해결하는 방법은 모두 연결해서 전도를 그리는 것밖에 없다는 생각에 도달했다. 그런데 모두 연결해서 전도를 그리면 큰 문제가 대두되었다. 《청구도》를 모두 연결해서 그리면 남북 6~7m 안팎의 초대형 전도가 되는데, 지금은 누구나 놀랄 만큼 거대한 크기이기 때문에 전시에 딱 좋은 작품이라고 생각하겠지만 당시에는 너무 커서 무용지물일 뿐이었다. 그런데도 김정호는 무모하게 남북 약 6~7m에 이르는 초대형 전도를 그렸다. 전도는 《해동여지도》에서 고을의 면적에 따라 각각 달리 표현된 20리 눈금선의 지도를 확대하거나 축소하여 간격이 같은 10리 눈금선 위에 옮겨 그린 후 모든 고을의 경계선을 이어서 만들었다.

그런 후에 너무 커서 이용하기 어려운 문제점을 극복하기 위한 방안도 마련했는데, 여기서 김정호의 창의 정신이 반짝반짝 빛나게 된다. 〈본조팔도주현도총목本朝八道州縣圖總目〉처럼 전국을 남북 100리 간격의 29층과 동서 70리 간격의 22판으로 나누어 쪼갠 후 홀수 층을 1책에, 짝

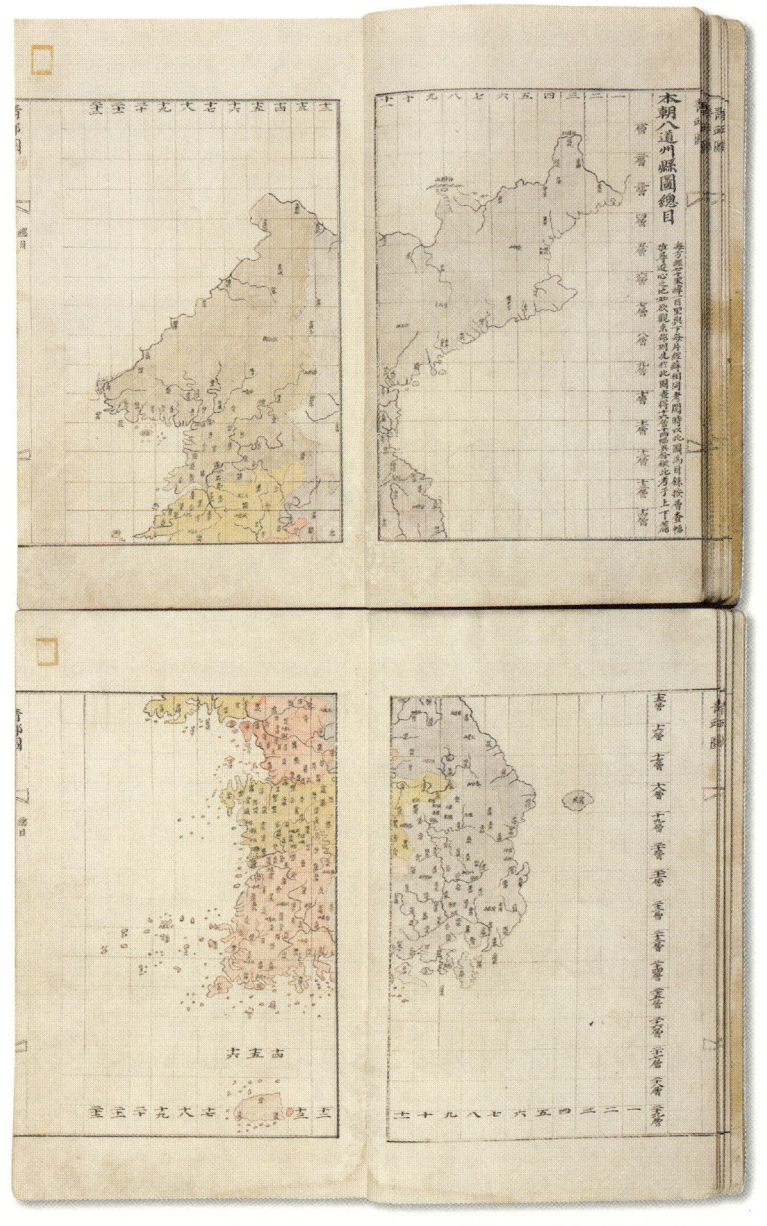

《청구도》의 〈본조팔도주현도총목〉(좌)
지도책 속의 면(우)(국립중앙도서관)

수 층을 2책에 묶었다. 김정호 이전에 조선에 살았던 어떤 사람도 이와 같은 아이디어를 낸 적이 없고, 중국의 것에서는 보았지만 아직 일본의 전통 고지도에 이런 지도책이 있다는 연구를 접해 본 적이 없다.

하지만 그렇다고 마냥 좋아할 일만은 아니다. 그렇게 전국을 쪼개서 2권의 책으로 묶을 경우 또 하나의 큰 문제점에 봉착하게 되는데, 바로 찾고자 하는 곳을 쉽게 찾을 수 없다는 점이다. 예를 들어 수원이 어디에 있는지 찾고 싶을 때 일일이 지도책을 넘겨가면서 찾는다면 그것만큼 불편한 일이 없을 것이다. 남북 약 6~7m에 이르는 초대형 전도를 그린 후 동일 간격으로 쪼개서 책으로 묶지 않은 이유 중의 하나도 이 때문이다. 그러면 김정호는 이 사실을 몰랐을까. 당연히 그렇지 않다.

〈본조팔도주현도총목〉은 요즘 가장 많이 이용되는 지도책인 10만 : 1 도로지도책의 가장 앞쪽에 나오는 찾아보기지도索引圖와 동일하다. 남북 100리 간격의 29층과 동서 70리 간격의 22판으로 그어진 눈금선의 오른쪽 가장자리에 1~29번의 번호가, 위쪽과 아래쪽의 가장자리에 1~22번의 번호가, 지도 위에는 전국 약 330개의 고을 이름이 적혀 있다. 그리고 지도의 각 면에는 타원으로 표시한 가장 자리에 각 면의 층과 판 번호가 적혀 있다(104~105쪽 지도 참조). 따라서 자신이 찾고자 하는 고을이 있다면 찾아보기지도인 〈본조팔도주현도총목〉에서 몇 층 몇 판에 있는지 확인한 후 지도책에서 그 번호를 찾아가면 쉽게 찾아 볼 수 있다.

찾아보기지도에 대한 이러한 아이디어는 조선의 지도 중 김정호의 《청구도》에서만 나타나는 아주 혁신적인 것이다. 뿐만 아니라 나는 아직까지 중국과 일본에서 이런 방식이 적용된 지도책이 있다는 논문이나 책을 본 적이 없다. 그러니 김정호가 살던 시절에 《청구도》는 동아시아에서 가장 찾아보기 쉬운 대축척 지도책인 것이다.

한·중·일의 전통시대에 제작된 대축척 지도책 중 《청구도》보다 더 찾아보기 쉬운 지도책은 제작되지 않았는데, 이는 김정호가 이용자의 편리한 이용에 대한 꼼꼼한 관찰을 통해 이루어낸 창의력의 결과이다. 세상에서 가장 찾아보기 쉬운 대축척 지도책! 이것이 바로 김정호가 《청구도》에 불어넣은 새로운 가치다.

이용자들의 요구에 세심했던 김정호

앞에서 《해동여지도》의 고을 지도에는 20리 간격의 눈금선이 그어져 있다고 이야기했다. 그것은 정확하게 그리거나 베끼기 위한 기준선일 뿐만 아니라 이용자들이 지도 위의 실제 거리를 알 수 있게 해주는 축척의 기능까지 했다. 따라서 지도 위에서 20리 간격의 눈금선을 없애는 것은 쉽지 않은 일이다.

하지만 김정호는 지도 위에 그어진 눈금선이 지명과 산줄기·물줄기·해안선·길 등 지도 위의 내용과 겹쳐지면서 이해하는 데 혼란을 준다고 생각하여 《청구도》에서는 그것을 없앴다. 만일 아무런 대안장치도 마련하지 않고 눈금선을 없앴다면 이용자들이 지도 위의 실제 거리를 알 수 있는 방법이 전혀 없었을 것이다.

누구보다도 이 점을 잘 알고 있었던 김정호는 당연히 대안을 마련했다. 그는 지도면 외곽선의 상하좌우에 10리 간격의 눈금을 표시하고 세로에는 1(一)에서 10(十)까지, 가로에는 1(一)에서 7(七)까지 써주었다(105쪽 지도 참조). 이용자들이 이를 통해 지도 위의 실제 거리를 알 수 있게 해준 것으로, 현대의 10만 : 1 도로지도에서 막대모양의 축척을 지도 면마다 표시해 주는 것과 거의 비슷한 형식이다. 이러한 축척 표시 방법 역시 한·중·일의 전통시대에 제작된 대축척 지도책 중 김정호의《청구도》에서만 발견된다.

김정호의 세심함은 여기서 그치지 않는다.《청구도》는 나무에 새겨 찍어낸 목판본인《대동여지도》와 달리 손으로 직접 그린 필사본이기 때문에 일반 이용자들이 이용하려면 베끼는 방법밖에 없었다. 따라서 지도 위에서 눈금선을 없애는 것은 이용자들이 정확하게 베낄 수 있는 기준선을 없애는 것이었다. 김정호야 워낙 지도 제작의 달인이기 때문에 그런 기준선이 없다고 하더라도 정확하게 베끼는 데 별로 문제가 없었지만 대다수 이용자들은 그런 능력이 없었다.

이와 같은 문제를 해결하기 위해 김정호는 눈금선을 이용하여 정확하게 베끼면서도 지도 위에서는 눈금선을 없애는 방법을 창안하여「청구도범례」에 써주었다. 그것이 바로 남북 100리, 동서 70리의 사각형 안에 10리 간격의 눈금선을 그은 책받침을 만들어 활용하는 방법이다. 밑이 비치는 얇은 종이 밑에 책받침을 대고 지도를 베껴나가면 정확하게 베끼는 데 매우 효과적인데, 영남대학교 박물관에 소장된《청구도》의 지도면 사이에서 이 책받침이 발견되었다.

더 나아가 그는 자신이 제작한《청구도》보다 더 작게 또는 더 크게 베껴서 사용하고 싶은 경우까지 고려했다. 이를 위해「청구도범례」에는 10리 간격의 눈금선을 더 좁게, 또는 더 넓게 그린 책받침을 만든 후 정확하게 축소 또는 확대하여 옮겨 그리는 방법까지 자세하게 서술해 놓았다. 또한 글만으로는 이해하기 어려운 사람들을 위해 그림까지 제시하

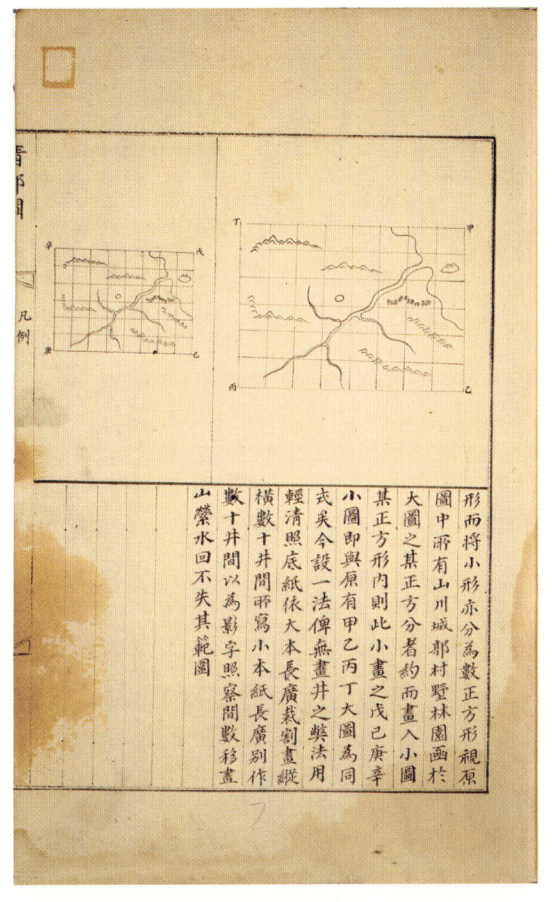

形而將小形亦分為數正方形視原
圖中詳有山川城郡村曁林園畫於
大圖之其正方分著約而畫入小圖
其正方形內則此小畫之戊己庚辛
小圖即與原有甲乙丙丁大圖為同
氏夾令設一法俾無畫井之藝法用
輕清照底紙依大本長廣裁畫作
橫數十井間以為影字照察間數移畫
數十井間以為影字照察間數移畫
山縈水回不失其範圍

정확하게 축소 또는 확대하는 방법을
그려놓은 그림과 설명 (국립중앙도서관)

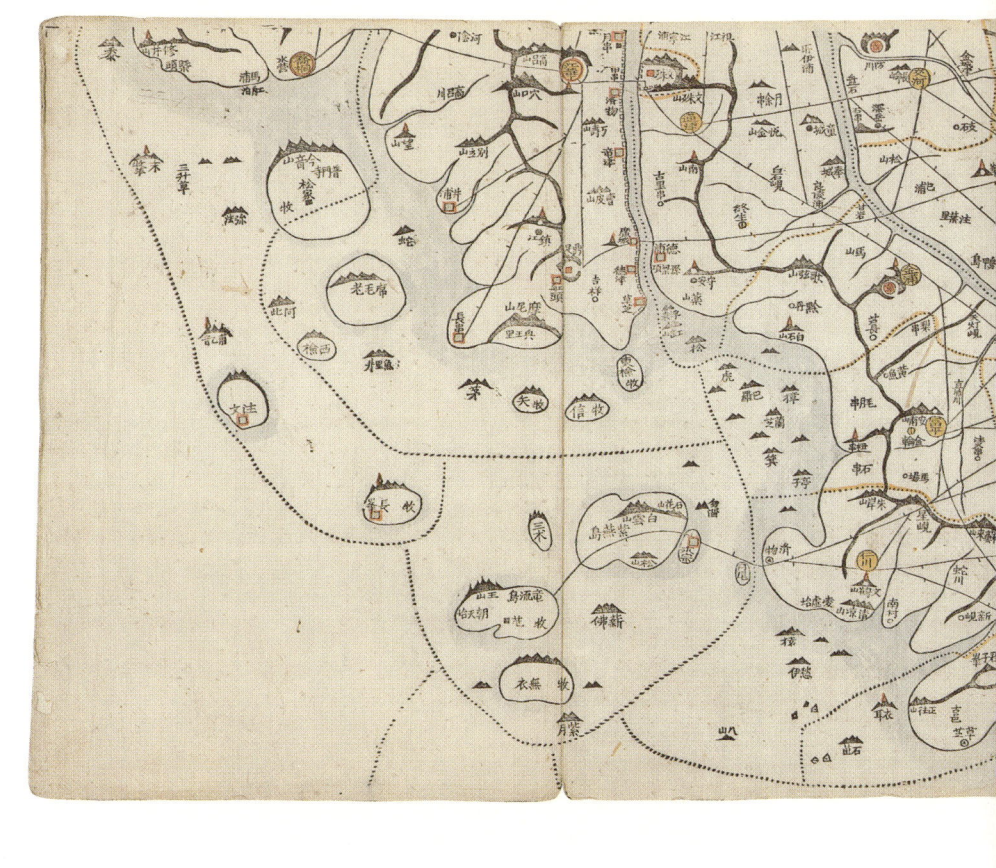

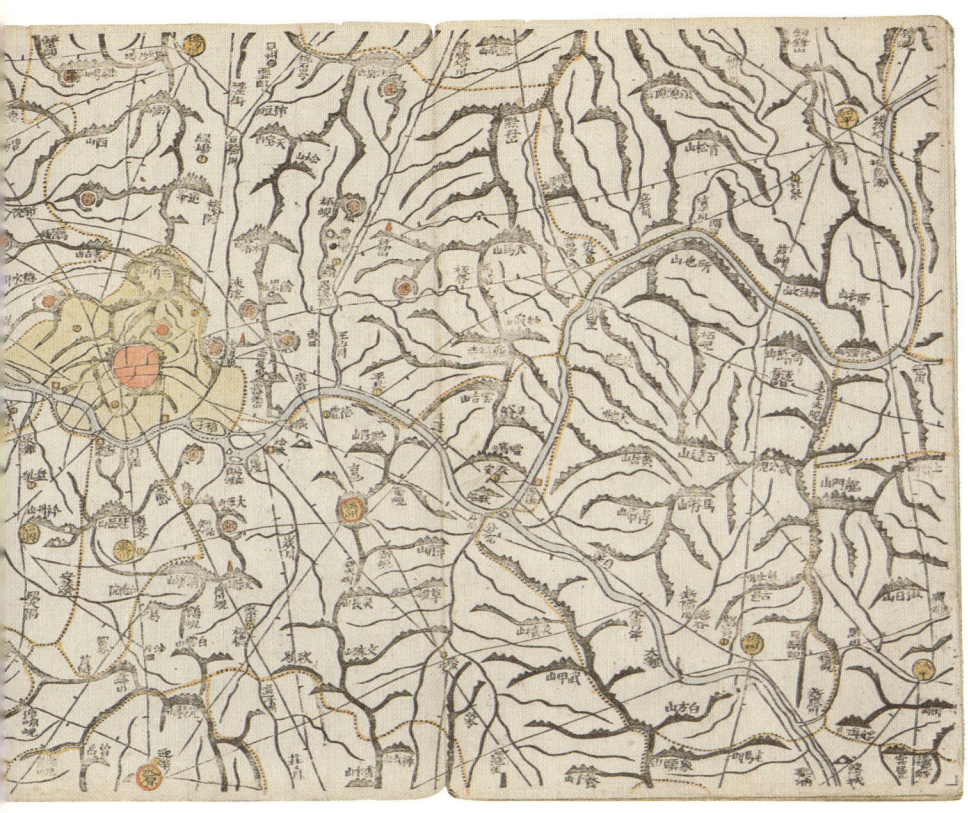

《대동여지도》

김정호가 1861년에 제작한 목판본 《대동여지도》는 가로와 세로 각각 80리와
120리의 사각형 간격으로 전국을 남북 22층으로 나누었으며, 모두 연결하면 남
북 6.6m의 초대형 전국지도가 된다. 각 층을 폈다 접었다 할 수 있는 병풍식의
22첩으로 만들고 각 첩이 모두 분리되어 있어 동서와 남북으로 이어보고 싶은
만큼 이어볼 수 있도록 되어 있다. (국립중앙도서관)

여 쉽게 이해할 수 있도록 했다. 이밖에도 《청구도》에는 김정호의 창의적인 아이디어들이 무궁무진하게 담겨 있다. 이러한 배려 때문인지 현재까지 발견된 《청구도》가 국내외에 17개나 된다. 이는 너무나 유명한 목판본의 《대동여지도》가 20개 안팎 전해지는 것과 별로 차이가 없다.

창조 충동에 충실했던 진정한 학자, 김정호

김정호는 《청구도》에 멈추지 않고 《대동여지도》를 만들었다. 《청구도》가 세계에서 가장 찾아보기 쉬운 대축척 전통지도책이라면 《대동여지도》는 세계에서 가장 이어보기 쉬운 대축척 전통지도첩이다.

미루어 짐작하건대, 김정호는 소비자들이 원하는 것에 따라 골라서 이용하라고 《청구도》와 《대동여지도》 두 작품을 세상에 내놓은 것이다. 《대동여지도》가 만들어졌다고 하여 《청구도》가 없어진 것이 아니기 때문이다.

김정호는 1861년에 22첩의 목판본 《대동여지도》를 간행한 이후 1864년에 잘못된 부분을 수정하여 재간한다. 뿐만 아니라 이미 『동여도지』 20책, 『여도비지』 20책의 완성본 지리지를 편찬했음에도 불구하고 곧바로 『대동지지』 30권 15책의 편찬에 매진한다. 그리고는 30권 중 2권을 미처 완성하지 못하고 미완으로 남긴 채 세상을 떠난다. 김정호에게 하나의 완성품은 완결이 아니라 또 다른 완성품을 향한 출발점이었다.

그가 미완성의 작품을 남긴 것은 꿈을 가진 자만의 특권이라는 생각을 해보았다. 꿈을 가진 자에게 완벽이란 없기 때문이다. 그리고 그렇게 하도록 만든 가장 중요한 요인은 바로 이용자인 양반과 관리의 다양한 지도 욕구에 대한 면밀한 관찰과 끊임없는 고민을 통해 만들어낸 창의적 아이디어였다.

'인간에게는 두 가지 충동이 있다. 하나는 무언가 새로운 것을 만들어내려는 창조 충동으로 아름다움을 창조하려는 예술가의 활동이 전형적인 예이다. 다른 하나는 무엇인가를 소유하려는 소유 충동으로 밑도 끝도 없이 돈을 모으려는 행동이다. 인간의 진정한 행복은 창조 충동을 계발하고 강화하는 데 있다. 창조 충동이야말로 새로운 삶을 여는 열쇠이다.'

철학자 러셀의 말대로 김정호는 창조 충동에 충실한 삶을 산, 시대를 대표하는 진정한 학자이자 당시로서는 보기 드문 전문 출판인이었다.

김정호의 작품을 연구하면서 김정호라는 인물과 그의 삶이 궁금하지 않았다면 거짓말일 것이다. 안타깝게도 평민이었던 그의 신분 때문에 그의 생몰 연도, 고향, 주요 활동지, 본관, 가계 어느 것도 정확하게 알려진 것이 없다. 지리학자로서 훌륭한 작품을 남겼음에도 불구하고 그에 관한 기록은 극히 미비하다. 그렇기 때문에 그가 어떻게 해서 창의적인 작업을 하게 되었는지 알 길이 없다. 다만 그에 관한 얼마 안 되는 기록과 그가 남긴 작품의 행간을 통해 그의 재주와 열정을 짐작할 뿐이다.

김정호는 스스로 호를 고산자(古山子)라 하였는데, 공교한 재주가 많고 지리학(輿地之學)에 관심이 있었다. 두루 찾아보고 널리 수집하여 일찍이 〈지구도〉를 제작하였고, 또 《대동여지도》를 만들었는데, 능란하게 그림을 그리고 새겨 인쇄해 세상에 펴냈다. 상세하고 정밀함이 고금에 견줄만한 것이 없는데, 내가 한 질을 구해 보았더니 진실로 보배라 여길만했다.

_『이향견문록』「김고산정호」중

최근에 김정호란 사람이 우리나라의 지도(청구도)를 2권 저술했다.
별도로 바둑판처럼 만들어 번호를 매기고 고을의 경계를 그었다.
각 면마다 하나의 지도를 만들어 책에 넣었는데 번호를 따라 취해
보면 눈앞에 나열되어 손바닥을 보듯 하니 헷갈림이 없게 되었다.
그 생각하는 바가 앞사람들을 훨씬 뛰어넘고 정밀함이 평범함을 넘
어섰다. 다시 지리지 20권을 저술했는데, 『동국여지승람』을 취해 잘
못된 것을 고치고 시문을 삭제하여 없는 것과 소략함을 보충했으니
또한 매우 해박하다. 그 지도와 지리지는 반드시 전할 만한 것이다.

-『오주연문장전산고』「지지변증설」중

10여 년간 가까이에서 지켜본 결과 김정호는 실패를 두려워하지 않
는 사람이었던 것 같다. 그는 자신의 작품에서 잘못된 점을 스스로 찾아
내어 고치기를 중단하지 않았고, 그렇기 때문에 자신의 작품의 단점을
스스로 공개하고 그를 바탕으로 더욱 발전할 수 있었다.

창의 정신은 발명이 아니라 발견하는 것

요즘 너도나도 창의력을 말한다. 같은 일을 하더라도 창의적으로 해
내길 바란다. 창의력이 발휘되는 사회는 '실수' 혹은 '실패'에 관대해야
한다고 생각한다. 패배한 자도 배려해 주는 사회적 분위기가 중요하다

는 뜻이다. 왜냐하면 새로운 의견은 항상 성공하는 것이 아니라 계속 도전해야 하는 것이기 때문이다. 그러나 안타깝게도 우리 사회는 창의력을 강조하지만 그 밑바탕에는 '경쟁'에서 이기기 위한 힘으로서 창의력이 강조된다.

창의력은 발명하는 것이 아니라 발견하는 것이다. 타고난 것이 아니라 살아가면서 점점 커질 수도 있고, 반대로 창의력은 잠재해 있지만 발견하지 못해 발휘되지 않을 수도 있다. 김정호가 이 시대 사람들에게 창의력을 발견할 수 있는 계기가 되길 진심으로 바란다.

 이기봉

경기도 화성시 비봉면에서 태어나 1986년 수원 수성고등학교를 졸업했다. 서울대학교 지리학과에서 공부하여 학사·석사·박사학위를 취득했다. 2002년 2월부터 2009년 3월까지 규장각한국학연구원의 특별·객원·책임연구원으로 2009년 4월부터 현재까지 국립중앙도서관의 고서전문원으로 근무하며 고지도와 지리지의 업무를 맡고 있다. 2003년 규장각에 소장되어 있던 김정호의 『동여도』 23첩을 영인 간행하면서 해설을 쓴 것이 계기가 되어 김정호와 그의 작품에 관심을 갖게 되었다. 그 과정에서 김정호의 작품에 대한 여러 연구를 섭렵했고, 김정호에 대해 잘못 알려진 사실을 바로잡고 대중들에게 김정호라는 인물을 제대로 알리고자 많은 노력을 하고 있다. 『평민 김정호의 꿈』을 비롯하여 『조선의 지도 천재들』, 『근대를 들어올린 거인 김정호』, 『김정호의 꿈, 대동여지도의 탄생』 등의 저서가 그 결과다.

communication

05

소통

통! 하고 싶은
이들을 위한 철학

니체는 기존의 철학적 체계와 대결해나가는
자신의 활동을 망치로 부수는 행위라고 과격하게 묘사했다.
신영복 교수는 니체의 표현을 변형하여 이렇게 말한다.
"우리들의 생각을 가두고 있는 틀을 깨뜨려야 합니다.
그래서 철학은 망치로 하는 것이라고 합니다."
망치로 부수고 부수임을 당하는 것, 그것이 소통이고 인문학이다.
_본문 중에서

마이클 샌델Michael J. Sandel의 『정의란 무
엇인가』는 2010년과 2011년 대한민국 서점가의 최고 화제작이었다. 그
가 제시한 '정의'라는 화두는 한동안 우리 사회의 핫이슈가 되었다. 사회
정의와 연관된 글에는 거의 예외 없이 그의 저작이 인용되었으며, 반면
그의 입장을 비판하는 글들도 숱하게 쏟아져 나왔다. 그에 대한 칭송과
비판은 진보와 보수를 가리지 않았다. 그의 입장을 보수적으로 해석할
경우 보수파는 칭송하고 진보파는 비판했다. 반대로 그의 입장을 진보
적으로 해석할 경우 보수파는 비판하고 진보파는 칭송했다.

이미 다른 저작을 통해 그의 철학적 입장을 숙지하고 있던 나는 그의
책이 선풍적 인기를 끄는 현상을 이해할 수 없었다. 마이클 샌델보다 학
문적 깊이나 중요도에서 훨씬 앞서는 다른 철학자들과 달리 그가 대중
적 주목을 끌게 된 비결은 무엇일까. 뜻밖에도 이런 궁금증을 해소해 준

▶ **마이클 샌델** 하버드대 정치철학 교수. 영국 옥스퍼드대학에서 철학박사학위를 취득한 후
27세의 최연소 나이로 하버드대 교수가 되었다. 'Justice'라는 강좌를 20여 년간 맡고 있다.
이 강좌는 만여 명이 넘는 학생들이 수강해 하버드 역사상 가장 많은 학생들이 들은 강좌 중
하나로 손꼽히고 있다. 『정의란 무엇인가』를 비롯하여 『돈으로 살 수 없는 것들』『왜 도덕인
가』 등을 저술했다.

것은 『정의란 무엇인가』라는 책이 아니라 같은 제목의 하버드 대학 강의였다. EBS를 통해 방영된 그의 강의를 보면서 나는 비로소 『정의란 무엇인가』가 성공할 수밖에 없었던 이유를 깨달았다.

나는 『정의란 무엇인가』의 성공비결을 '소통'에서 찾았다. 그의 강의는 끊임없이 학생들과 소통하는 형식으로 진행되었다. 강의 첫 부분부터 질문이 쏟아진다. 여러 가지 주장들이 엇갈리고 학생들 사이에 토론이 불붙었다. 그는 질문에 대한 해답을 제시하지 않은 채 의미심장한 미소를 지으며 토론을 원활하게 이끄는 역할만을 했다. 자신의 주장을 전면에 내세우는 대신 학생들로 하여금 스스로 생각하고 스스로 자신의 생각을 의심하도록 이끌었다. 답을 제시함으로써 결론을 맺도록 강요하는 대신 문제를 제시함으로써 오히려 지적 혼란을 도모했다.

『정의란 무엇인가』에는 바로 이런 소통의 결과물이 담겨 있었다. 일방적 교설과 주장 대신 여러 대립하는 주장들에 대한 합리적 검토가 먼저 시도되었다. 서로 대립하는 여러 입장들 사이에서 선뜻 하나를 택하지 못하게 만드는 미묘한 갈등 상황이 사람들로 하여금 그의 책과 강의에 몰두하게 만드는 매력의 비결이었다. 그를 보고 나는 그의 책에 대한 열광은 실상 정의에 대한 열망이 아닌 소통에 대한 열망이 반영된 결과라는 생각을 하게 되었다.

우리는 진정 소통을 원하고 있을까?

21세기는 지식정보화 사회이다. 지식정보화 사회는 지식이 넘치는 사회이다. 언제 어느 때나 손쉽게 세계 최고의 정보들을 손쉽게 손에 넣을 수 있다. 나 역시 이런 정보화 사회의 혜택을 맘껏 누리고 있다. 나의 태블릿 컴퓨터에 내장되어 있는 32기가바이트 용량의 메모리에는 7천여 편의 책과 논문들이 실려 있다. 터치만 몇 번 하면 과거에는 꿈도 꾸지 못했을 고급 정보들을 순식간에 호출할 수 있다. 지식정보화 사회에선 지식이 관건이 아니다. 누구나 쉽게 지식을 얻을 수 있는데, 지식 자체가 무슨 의미가 있단 말인가?

그렇다면 무엇이 관건일까? 바로 소통이다. 방대한 양의 지식과 정보를 타인들과 소통함으로써 그 안에서 새로운 의미를 찾아내는 것이야말로 지식정보화 사회의 과제이다. 지식은 다양한 도구를 통해 혼자서 얻을 수 있지만, 소통하는 능력은 혼자서 기를 수 없다. 지식 쌓기는 정해진 답을 찾는 행위이지만, 소통은 정답이 없음을 전제로 한 행위이다. 정답이 있다면 누군가가 제시할 수 있고 그 누군가에 의해 제시된 정답을 우리가 찾으면 된다. 그것으로써 지식 쌓기 작업은 완료된다. 그러나 사람과 사람 사이에서 진행되는 소통 작업에는 정해진 해답이 없으며, 우리는 소통을 통해 단지 '더 나은 방향으로의 개선'을 추구할 뿐이다. 따라서 소통은 늘 현재진행형 작업일 수밖에 없다.

하지만 안타깝게도 우리 사회는 아직 소통에 익숙하지 않다. 가정과 직장에서 더 나아가 우리 사회에서 소통이 절실히 필요하다는 공감대가 만들어져 과거보다는 형편이 많이 좋아졌다. 사람들마다 온도차가 있을지언정 소통의 중요성 자체를 부정하려고 하지는 않는다. 그러나 한계 역시 뚜렷하다. 소통을 원하는 목소리가 커진 만큼 우리 사회 갈등의 골도 깊어지고 있다. 인문학자로서 그 이유가 무엇일까 곰곰이 생각해 본 결과 우리가 소통을 말하면서도 소통할 만한 것과 소통 불가능한 것을 은연중에 구분하려 한다는 것을 깨달았다. 다시 말해 소통하더라도 서로 부담을 느끼지 않을 만한 것만 소통하면서 만족하고 사회적으로 민감하며 이해관계가 첨예하게 대립되는 문제에 대한 소통은 두려워한다.

이와 관련하여 최근 겪은 일화를 하나 소개한다. 플라톤의 『국가』를 주제로 인문학 강좌를 진행할 때의 일이다. 책의 주제가 국가에 관한 것이니만큼 정치 문제를 논하지 않을 수 없었다. 소통의 중요성을 역설하면서 모든 강좌를 토론 방식으로 진행해 왔던 나는 그 강좌에서도 예외 없이 토론을 통해 국가와 정치에 대한 다양한 의견이 오고 가도록 유도했다. 그런데 쉬는 시간에 나이 지긋하신 수강생 한 분이 나를 부르더니 이렇게 얘기했다.

"박정희 대통령 얘기는 너무 민감한 내용이네요. 강의시간에 하지 않는 게 좋겠습니다. 앞으로 박정희 대통령 얘기를 하지 않는다면 강의에 계속 참여할 것이고 그래도 계속 박정희 대통령에 대한 이런저런 토론을 유도하신다면 강의에 나오지 않겠습니다."

소통을 추구하는 인문학 강좌에 참여했으면서 소통을 거부하는 이런 행동을 어떻게 이해해야 할까? 그동안 우리는 인문학이라고 하면 그저 삶에 도움이 되는 무언가 좋은 내용, 모든 사람을 만족시키는 달콤한 치유제로서의 역할만을 기대해 왔다. 그러나 인문학은 그런 달콤한 것이 아니다. 사람의 몸을 치유하는 약이 쓰디쓴 것처럼 사람 사이의 문제를 치유하는 인문학 역시 쓰디쓸 수밖에 없지 않을까?

이런 경험은 비단 나만의 것은 아닐 것이다. 민감한 문제에 대해 얘기할 때면 으레 "소통을 통해 원만히 해결하자."고만 말할 뿐 좀처럼 자신의 주장을 내세우지 않으려 하는 경향이 강하다. 자신의 견해를 내세우는 것이야말로 소통의 출발점인데, 민감한 문제라는 이유로 회피하려한 경험이 있을 것이다.

하버마스, 소통의 어려움을 철학적으로 풀어내다

소통의 문제를 고민하며 주목하고자 하는 것은 하버마스^{Jürgen Habermas}의 의사소통행위이론이다. 이를 통해 나는 사회적 문제와 갈등을 해소할 근본적 조건들에 대해 고민해 보고 싶다. 하버마스는 1929년 태어난 유태계 독일 철학자로서 제2차 세계대전의 참혹한 현실을 유소년 시기에 경험한 바 있는 전후 세대 최고의 이론가이다. 청년기 하버마스는 프랑크푸르트학파의 일원으로 활동하며, 양차 세계대전과 아우슈비츠의 대학살을 초래한 근대의 도구적 합리성을 비판하면서도 도구적 합리성이외의 합리성, 즉 의사소통적 합리성을 새롭게 제기했다. 근대성 자체를 절망적으로 평가하지 말고 근대적 합리성 안에서 우리가 미처 발견하지 못한 새로운 합리성에 주목해야 한다고 주장한 것이다. 그는 의사소통적 합리성을 확보함으로써 근대는 새로운 차원에서 합리적 세상을

▶ **프랑크푸르트학파** 1930년대 무렵 독일 프랑크푸르트 대학 〈사회연구소〉를 중심으로 마르크스주의 연구를 추구하며 이론적 논의와 경험적 연구를 결합시키려는 일군의 학자가 모여들었는데, 바로 이들을 가리켜 프랑크푸르트학파라고 한다. 아도르노(T. Adorno), 호르크하이머(horkheimer), 마르쿠제(H. Marcuse), 프롬(E. Fromm), 베냐민(W. Benjamin) 등 당대를 이끄는 최정상 학자들이 포함되어 있었다. 프랑크푸르트학파는 2차 대전의 참상을 초래한 근대문명을 이론적 측면에서 철저하게 반성하고 비판하는 입장을 취했다는 점에서 공통적이다. 근대에 대한 비판의 강도에는 차이가 있었다. 아도르노가 가장 비판적이었으며 하버마스가 가장 관대했다.

하버마스

현존하는 철학자 가운데 가장 영향력이 큰 인물로 평가되는 하버마스는 20대 중반에 화려하게 등장한 이후 80대 중반에 이른 지금까지 60년 넘도록 현역으로 왕성하게 활동하고 있다. 소통을 중시하는 인물답게 이론서를 집필하는 작업뿐만 아니라 각종 언론 매체에 전 세계 현안에 대해 활발하게 의견을 개진하는 작업을 병행하고 있다. 『공론장의 구조변동』 『의사소통행위이론』 『아, 유럽』 등을 집필했다.

도모할 수 있다고 긍정한다.

하버마스는 도구적 합리성이 근대사회를 주도적으로 이끌어가게 된 원인에 대한 분석을 통해 의사소통적 합리성의 가능성과 중요성을 끄집어낸다. 그 과정에서 그가 제시하는 사회의 두 측면은 생활세계Lebenswelt와 체계System이다. 하버마스는 근대사회의 핵심을 생활세계와 체계의 분리라고 보았다. 그가 말하는 생활세계란 말 그대로 우리가 살아가는 일상적인 삶의 세계이다. 농부는 밭을 갈고 어부는 고기를 잡는다. 아이들은 어머니가 양육하고 마을 집단은 저마다 역사적으로 형성된 전통적 규율과 문화에 의해 유지된다. 이런 전근대적 풍경이 바로 생활세계의 모습이다. 이런 전근대적 생활세계에는 따로 법이 필요 없다. 규격화된 제도도 필요 없고 자본주의도 필요 없다. 문화와 언어를 통한 소통만으로도 사회가 유지될 수 있다.

그런데 근대에 접어들면서 생활세계가 체계와 구분되는 과정을 겪는다. 저마다 전통과 역사에 의해 유지되어 오던 마을의 규율도 중앙 정부의 통제를 받기 시작한다. 용운골이라 불리던 마을이 어느 샌가 용운동이 되고 한밭이라 불리던 너른 분지가 대전이라는 행정구역으로 규격화된다. 돈도 중요해진다. 키우던 닭을 팔아 돼지고기를 사오는 관습은 이제 사라진다. 대신 모든 재화를 돈이라는 일률적 수단을 통해 교환한다. 돈이 오고가면서 자본주의가 탄생한다.

산 좋고 물 좋고 인심 좋은 용운골이라는 생활세계만으로는 이처럼 복잡해진 사회가 더 이상 이해되지 않으며 규율되지 않는다. 전근대적 생활세계와 더불어 대전시 동구 용운동, 인구 몇 만, 평균 소득 얼마, 평균 아파트 가격 얼마 등등의 체계가 용운골이라는 생활세계로부터 분화된다. 인심 좋은 최 진사네 머슴살이라는 생활세계 대신 용운전자 주식회사 김 대리, 연봉 5,000만 원의 체계가 자리를 차지한다. 세상이 복잡해짐에 따라 이런 체계의 분화 과정은 필연적으로 발생할 수밖에 없다.

그런데 체계는 생활세계로부터 분화되는 것에 그치지 않는다. 어느덧 체계는 생활세계를 억누르고 체계가 모든 것인 양 행세하기 시작한다. 인심 좋고 산 좋은 용운골이란 생활세계는 아파트 값 낮고 평균 소득이 낮은 지역이란 체계에 의해 평가된다. 일은 좀 고됐지만 사람 좋은 최 진사네 머슴살이에서 그런대로 만족하며 살다가 이제 연봉 5,000만 원을 받고 살면서도 언제 해고될지 모르는 불안감에 떨며 살게 된다. 가뭄이 들어 최 진사 댁 곳간이 비게 되면 옛정을 보아 새경 없이 거저 일해 주던 풍습은 찾아보기 힘들다. 바로 어제까지만 해도 상냥하게 웃으며 형, 아우 하던 회사 선배가 싸늘한 목소리로 해고를 통보한다.

체계의 광포함은 여기서 그치지 않는다. '독일 민족의 위대함'이라는 진리를 실현하기 위해 '독일 민족의 숭고함'을 더럽히는 유태인을 색출해 아우슈비츠에서 집단적으로 학살한다. 일말의 죄책감도 없이 체계를 위해 생활세계를 식민지로 삼는다.

나치와 맞서 싸운 연합군 진영이라고 해서 다르지 않다. 히로시마와 나가사키에 폭탄을 투하하면 얼마의 사람이 죽을 것이고, 그 결과 전쟁에서 승리를 거두게 될 것이라고 예상하며 태연히 계산기를 두드린다. 히로시마 시민들의 생활세계 따위는 고민거리가 아니다.

전근대적 생활세계에선 사람과 사람이 마주하면서 대화를 통해 문제를 해결했다. 갈등이 불거지더라도 법이나 행정체계에 의존하지 않고 전통과 역사 그리고 언어를 이용한 소통을 통해 문제를 해결했다. 그러나 근대 사회에 접어들면서 생활세계는 체계에 의해 점령당한다. 자신이 만들어준 국밥을 맛있게 먹어주는 나그네의 모습을 보며 흐뭇하게 미소 짓는 국밥집 주모의 미소 대신 친절봉사로 단골고객을 확보하고자 하는 피자집 주인의 계산된 웃음이 넘쳐난다.

생활세계가 체계에 의해 식민지로 전락하게 되자 더 이상 소통이 발붙일 자리가 없게 되었다. 새마을운동은 초가집의 생활세계를 허락하지 않았다. 조국근대화를 위해 체계는 생활세계를 억누르고 오로지 계산된 투자와 그를 통한 성과만을 중시하게 되었다. 체계는 철두철미하게 계량화된 방법으로 이를 추진했으며 그 과정에서 소통은 거추장스런 요식행위였다. 반대 주장은 철저하게 억압되었으며 일사불란하게 근대화를 위한 단합만이 강조되었다.

타인을 참으로 이해하고자 하는 의사소통 행위 대신 남보다 더 성공하고 남보다 더 가지고자 하는 전략적 행위가 사회에 만연하게 되었다. 이런 전략적 행위에는 말을 통한 대화가 별로 필요 없다. 가뭄으로 인해 곳간이 비게 되었으니 새경 없이 일해 달라는 최 진사의 호소는 이제 필요 없다. 회사는 손쉽게 해고 통지 하나 보내면 그만이다. 다음 주까지 빚을 갚을 테니 일주일만 말미를 달라는 하소연도 필요 없다. 서로 대면할 필요 없이 채무 이행을 독촉하는 내용증명과 가압류 서류만 보내면 끝이다. 세상은 이렇게 체계가 생활세계를 철저히 억압하는 상황에 처하게 되었다.

우리 시대 '불통'의 아이콘, 쌍용차 사태

소통에 익숙하지 못한 우리의 현실을 적나라하게 보여주는 사건이 바로 2009년 초에 발생한 '쌍용차 사태'이다. 저마다 이런저런 해법을 제시하고 있지만 여전히 문제가 해결될 기미조차 보이지 않는다. 문제가 발생한 지 만 4년 만에 쌍용차 노동자와 가족 24명이 운명을 달리했다. 심각한 불통사태가 빚은 참혹한 비극이다.

우리는 당연한 듯 소통을 이야기하지만 너무도 절실히 소통해야 할 문제에 대해서는 오히려 눈을 감는 경향이 있다. 민감한 문제일수록 소통을 통해 더 나은 방향으로의 개선을 추구해야 마땅하지만 상황은 오히려 정반대이다. 소통이 절실한 문제일수록 소통을 외면하고 적당히 해결될 만한 문제들에 대해서만 선별적으로 소통을 시도하고자 한다.

쌍용차 사태를 해결할 실마리를 발견하기 위해 지금부터 쌍용차 사태를 간략히 정리하고 하버마스의 의사소통행위이론을 제시함으로써 이에 대한 해결의 실마리를 좀 더 이론적인 측면에서 발견해보고자 한다. 우선 회사 측과 노조 측의 입장을 각각 간략히 정리해보자.

먼저 회사 측 입장부터 살펴보면 다음과 같다.

현행 법률에 따르면 기업이 경영과정에서 어려움을 느끼게 되면 법정관리 상태에 들어가게 된다. 법정관리란 기업을 회생시키기 위한 일종의 극약처분으로서 법정관리 상태에 들어간 기업에게는 평소에는 인정되지 않던 몇 가지 예외적인 조치들이 허용된다. 그 대표적인 조치가 정리해고이다. 즉, 평소에 직원들을 마음대로 해고하는 것은 허용되지 않지만 법정관리 상태에 들어간 이후 행하는 정리해고는 합법적이다. 따라서 이에 대해 노조는 항의할 권리가 없다.

쌍용차는 안타깝게도 그동안 경영상에 어려움을 느껴왔다. 그래서 결국 2009년 법정관리를 받게 되었다. 합법적으로 법정관리 상태에 들어갔기 때문에 이후 행해지는 정리해고 역시 합법적이다. 따라서 합법적 정리해고를 이유로 노조가 벌이는 파업은 불법파업으로서 법적 제재의 대상이 된다. 이 모든 행위는 모두 법에 의해 시행되는 것이다. 법적 질서를 지키지 않는 노조의 행위는 옳지 않다. 노조가 일으키는 불법파업으로 인해 발생한 손해에 대해 배상을 청구하는 행위와 시위를 해산하는 행위 등은 모두 법적으로 보장된 행위이다.

만약 법정관리라는 위기상황에서 정리해고를 하지 않는다면 회사 자체가 망할 수 있다. 그렇다면 모두가 다 직장을 잃는다. 모두가 직장을 잃는 것보다는 정리해고를 통해 소수의 인원이 희생함으로써 다수가 살아남는 것이 합리적이지 않은가? 노조는 정리해고를 수용하고 불법파업을 철회해야 한다. 그렇게 해야만 나중에라도 회사가 되살아나 정리해고된 사람들을 다시 채용할 기회를 얻게 될 것이다.

이번엔 노조 측 입장에서 살펴보겠다.

경영상에 어려움을 겪게 된 기업이 법정관리 상태에 들어간 이후 정리해고할 수 있다는 법 조항 자체를 모르는 것이 아니다. 하지만 과연 2009년 당시 쌍용차가 법정관리에 들어갈 만큼 실제로 경영상의 어려움에 처해 있었는가 하는 점이 의문이다. 2009년 당시 쌍용차는 분명 경영상 어려움을 겪고 있긴 했지만, 법정관리를 받을 만큼 극단적인 상황이었던 것은 아니다. 법정관리를 받지 않아도 될 상황인데 마치 법정관리를 받아야 할 상황인 것처럼 자료를 조작해 스스로 법정 관리를 받고자 했던 것이 문제다.

법정관리를 받게 되면 정리해고를 마음대로 할 수 있다. 이 때문에 회사 측은 일부러 경영이 극단적으로 어려운 것처럼 사태를 조작했다. 근본적으로 회사의 경영부실 문제를 해결할 생각은 하지 않고 오로지 정리해고만을 통해 손쉽게 경영을 정상화하고자 했다는 점에 대해 노조원들은 분노했다.

백번 양보해서 정말로 당시 경영상황이 심각한 위기였다고 치자. 그리고 정리해고도 필연적인 과정이었다고 치자. 그렇다면 가장 먼저 정리해고 되었어야 할 사람들은 누구였을까? 경영부실의 책임은 당연히 경영진이 먼저 떠안았어야 하지 않을까? 그런데 회사는 경영부실의 책임을 오로지 노동자들에게만 떠넘겼다.

우리는 당시의 상황이 결코 정리해고를 선택했어야만 하는 상황이었다고 판단하지 않고 또 정리해고가 필연적이었다 해도 그에 앞서 경영진의 반성이 선행되었어야 한다고 생각한다.

살펴본 것처럼 여기서 중요한 쟁점이 두 가지 부각된다. 첫째, 과연 쌍용차가 정말로 당시 법정관리 상태에 들어갔어야 할 만큼 위기상황이었는가 하는 점이다. 만약 회사 측이 주장하는 바와는 다르게 실제로 당시 쌍용차가 법정관리 상태에 들어가지 않아도 될 정도였다면, 즉 그다지 심각한 위기상황이 아니었다고 한다면 현재 쌍용차 사태는 회사가 책임져야 한다.

반면, 정말로 당시 쌍용차가 심각한 위기상황이었다면 노조는 억울하다 하더라도 법적으로 호소할 여지가 없다. 정리해고를 감수할 수밖에 없는 노릇이다. 또한 마땅히 법적으로 감수할 수밖에 없는 정리해고를 이유로 벌인 파업은 불법이고, 이로 인해 회사 측이 입은 손해 역시 모두 배상해야 한다.

둘째, 만약 법정관리가 필연적이었다 해도 과연 정리해고 역시 필연적인 선택이었는가 하는 점도 쟁점이다. 정리해고 이외에 회사를 회생시킬 여러 방안이 법정관리 상태에서 모색될 수 있는데, 회사 측은 이런 방안들을 적극 모색하지 않고 정리해고를 택했다는 점에서 책임을 져야 한다는 것이 노조 측 입장이다. 반면 회사 측에서는 회사를 살리기 위해 정리해고는 피할 수 없는 조치였다고 맞서고 있다.

신문 보도에 따르면 현재 회사 측과 정부가 노조나 노동자들을 대상으로 청구한 손해배상과 가압류 금액이 약 430억 원에 달한다고 한다. 그 가운데 정부가 제기한 손해배상은 노동자들의 파업을 진압하는 과정에서 경찰인력이 부상당한 것에 대해 청구된 것으로서 그 금액은 50여억 원에 달한다.

회사 측은 법에 호소함으로써 노조 측의 반대를 잠재우려 하고 있고, 노조원들은 막대한 금액의 손해배상 폭탄을 맞고 스스로 목숨을 끊어가고 있다. 과연 이 문제를 어떻게 해결해야 할 것인가?

쌍용차 회사 측은 하버마스가 말하는 생활세계의 식민지 상황을 아주 적절히, 그리고 비극적으로 활용하고 있다. 회사는 노조원들의 생활세계 따위는 안중에도 없다. 그들은 얼마의 임금을 주면 얼마의 노동력을 제공하도록 계약되어 있는 기계에 불과하다. 기계가 필요 없으면 내다 팔거나 버리면 그만이듯 노동력 또한 회사의 운영에 필요 없으면 계약해지하면 그만이다.

법과 제도는 이들의 행동을 합리화해주는 체계의 든든한 버팀목이다. 사람 사는 세상에서 이건 너무하지 않느냐고 아무리 호소해도 소용없다. 직원들의 생활세계를 들여다보면서 마음이 흔들리는 건 촌스럽고 낡은 태도일 뿐이다.

생활세계를 식민지화 하는 도구적 합리성

이렇듯 냉혹한 체계에 의한 생활세계의 식민화는 근대의 두드러진 특징인데, 이런 특징은 사실 과학과도 밀접한 연관을 맺고 있다. 과학적 활동은 탐구하는 주체로서의 인간과 탐구되는 대상으로서의 자연이 완벽히 구별된 채 진행된다. 인간은 자연을 마음껏 탐구하고 개발할 권리를 가진다. 인권이란 곧 자연에 대한 지배권을 의미한다. 휴머니즘이란 곧 자연을 정복의 대상으로 삼겠다는 자연에 대한 선전포고이다.

우리는 너무도 당연하게 휴머니즘을 아름다운 것처럼 얘기하지만 사실 휴머니즘이란 말은 무서운 말이다. 인간을 중심에 놓고 인간 이외의 모든 것을 인간이라는 목적을 위한 수단으로 삼겠다는 말이 될 수 있기 때문이다. 인간의 필요를 위해 자연을 탐구하고 석유를 탐사하고 산을 깎고 강을 막는다.

　휴머니즘 정신에 입각하면 동물 역시 그저 인간을 위해 존재하는 수
단에 불과하다. 인간의 필요를 위해서라면 얼마든지 산 채로 동물들을
실험할 수 있다. 살아 있는 토끼의 눈에 온갖 약품을 발라대며 얼마나
부작용이 생기는지 실험할 수 있다. 수백 만 마리의 실험쥐들은 오늘도
온갖 병균들을 주입받고 인간을 위해 죽어간다. 이 모든 것들은 인간을
위해서, 즉 휴머니즘 정신에 입각해서 합리화된다. 이러한 합리성을 도
구적 합리성이라 한다.

　이런 도구적 합리성이 극단적으로 발휘되면 제 2차 세계대전 때 일본
이 중국의 하얼빈에 주둔시켰던 세균전 부대인 731부대조차 정당화될
수 있다. 전 인류의 질병을 치유하는 데에 결국 731부대의 인간 생체실
험은 혁혁한 공을 세운 셈이기 때문이다. 731부대에 소속된 의사들 역
시 그런 생각을 가졌을 것이다. 생체실험 대상이 된 인간들의 생활세계
보다는 인류의 질병을 치료한다는 체계의 요구가 더욱 거세게 그들로
하여금 그토록 잔학하게 행동하도록 휘몰아갔을 것이다. 도구적 합리성
은 생활세계를 질식시키고 체계를 위해 봉사함으로써 극악의 반인간적
행태를 자행하게 할 수 있다.

　도구적 합리성을 비판하면서 하버마스가 제시하는 합리성의 새로운
측면이 바로 의사소통적 합리성이다. 인간은 본래 근대 이전 시기부터
의사소통을 통해 합리적으로 생활세계를 유지해 왔다. 근대에 접어들어
체계에 의해 식민지가 되었지만 그렇다고 해서 체계를 완전히 부수어버
리고 생활세계만으로 세상을 유지할 순 없다. 즉 전근대로 돌아갈 수는
없다. 근대를 지나쳐오면서 우리가 겪은 고통과 절망을 통해 우리가 새

롭게 발견해야 할 우리의 능력은 바로 이 의사소통행위능력이다. 생활세계에서 수행되는 의사소통행위능력을 향상시킨다면 체계에 의해 침범된 생활세계를 회복할 수 있을 것이다.

하버마스는 인간의 이성을 두 가지 측면으로 구분한다. 하나는 도구적 이성이고 다른 하나는 의사소통적 이성이다. 지금까지 지나치게 도구적 이성이 앞장서서 생활세계를 식민화해 왔다면, 이제 우리가 새롭게 발굴해야 할 이성은 의사소통적 이성이다.

언어에 담긴 의도를 파악하자

의사소통행위이론은 사회의 모든 현안을 대화로 해결할 수 있다고 주장하는 이론이다. 지극히 상식적인 주장으로서 특히 현대인에게 절실히 요청되는 이론이다. 하버마스가 강조하는 의사소통적 합리성을 실현하기 위해서는 먼저 인간의 언어행위에 대해 이해해야 한다. 인간의 언어는 사물이나 사태를 단순히 지칭하는 데에만 머물지 않는다.

가령 연인이 길을 걷는다고 하자. 이때 여자가 "오빠, 날씨 참 춥다."라고 말했다 하자. 여자의 말을 단순히 날씨가 춥다는 사실을 객관적으로 지칭하는 표현이라고만 이해할 수는 없다. 여기에는 "오빠, 안아줘."

▶ **의사소통행위이론** 하버마스의 의사소통행위론은 실상 우리 세상이 대화나 토론보다는 명령이나 규율에 의해 지배되고 있다는 점에서 비현실적인 주장이라 평가되기도 한다. 대화와 토론을 통해 문제를 해결하기 위해선 몇 가지 전제 조건들이 필요하다. 가장 우선적으로 요청되는 것은 기회의 균등이다. 대화에 참가한 사람들이 저마다 균등하게 자신의 주장을 펼치고 타인의 주장에 대해 반론할 기회를 가져야 한다.

라든지 "오빠, 추우니까 여기서 헤어지고 각자 집에 가자."라는 다른 의미가 숨어 있을 수 있다. 분위기 파악을 잘하는 남자라면 여자의 말을 듣고 센스 있게 외투를 벗어준다거나 어깨를 감싸줄 것이다.

이처럼 "오빠, 날씨 참 춥다."라는 하나의 표현에는 세 가지 층위가 있다. 첫째, 춥다는 사실을 객관적으로 표현하는 '발화 행위'이고, 둘째, 추우니까 안아달라는 제안을 하는 '발화수반적 행위'이며, 셋째, 춥다는 표현을 통해 결국 남친의 스킨십을 얻어내고야 마겠다는 의도를 가진 '발화수단적 행위'가 그것이다. 정리하면 아래와 같다.

　－발화 행위 : 오빠, 날씨가 객관적으로 참 춥다!
　－발화수반적 행위 : 오빠, 날씨가 추울 때 나한테 어떻게 해줘야 할 지 알지?
　－발화수단적 행위 : 오빠, 안아주지 않으면 끝장이야.

하버마스는 이 가운데 발화수반적 행위에 주목한다. 발화 행위는 그저 사태를 객관적으로 표현하는 데에만 머물기 때문에 이를 통해서는 대화를 주고받는 사람들이 서로의 의도를 헤아리기 어렵다. "오빠, 날씨 참 춥다."는 표현을 발화 행위로 받아들일 경우 예상되는 남자의 반응은 이렇다. "그래? 오늘 너무 얇은 옷을 입고 나왔기 때문에 춥게 느껴지는 거야. 다음부턴 옷을 단단히 입도록 해." 참으로 삭막하지 않은가?

언어를 발화수반적 행위로 이해할 때라야만 대화를 나누는 사람들이 서로를 이해할 수 있게 된다. "오빠, 날씨 참 춥다."라는 표현 역시 발화수반적 행위로 받아들일 때라야 진정한 의사소통이 가능하다. 여자의

왜 화가 났니?

폴 고갱 | 1986년 | 캔버스에 유채 | 130.5×95.3cm | 시카고 아트 인스티튜트

발화수반적 행위에 대해 남자는 이렇게 반응할 수 있을 것이다. "아, 그래? 점퍼 벗어줄까?" 혹은 "그래? 이제 그만 집에 들어갈까?" 등등. 이에 대해 여자는 "아니야, 괜찮아. 오빠가 곁에 있는 것만으로도 이제 안 추워."라든가 "벌써 가려고? 나 그런 뜻으로 이야기한 거 아닌데." 등등의 손발이 오글거리는 대화가 가능하게 된다.

그렇다면 언어를 발화수단적 행위로 구사할 경우 어떻게 될까? "오빠, 참 춥다."라는 말을 발화수반적 측면에서 구사하지 않고 남자가 외투를 벗어서 자신에게 덮어줘야 한다는 의도를 실현시키고자 하는 발화수단적 행위로 구사했을 경우라면 어떻게 될까? 만약 남자가 눈치 없이 "그래? 이제 그만 집에 들어갈까?"라고 말한다면 여자의 발화수단적 행위는 실패한 것이 된다. 이에 따라 여자는 화를 내고 이렇게 말한다. "이제 우리 그만 헤어져!"

정리하면 아래와 같다.

– 발화 행위 수준의 대화

"오빠, 날씨 참 춥다."

"얇은 옷을 입었으니 춥게 느껴지겠지."

– 발화수반적 행위로서의 대화

"오빠, 날씨 참 춥다." (추우니까 안아줬으면 좋겠어.)

"이리 와. 점퍼 벗어줄까?"

"아잉, 오빠도 춥잖아."

- 발화수단적 행위로서의 대화

"오빠, 날씨 참 춥다." (추우니까 꼭 나를 안아주도록 하고 말겠어.)

"그래? 내가 어떻게 해줄까?"

"오빠는 내 맘도 몰라? 우리 헤어져!"

실상 우리의 모든 대화는 발화수반적 행위의 연속이다. 지각이 잦은 사원을 보고 "오늘은 또 무슨 일로 늦었나?"라고 말하는 것은 "앞으로는 지각하지 말아줬으면 좋겠다."는 발화수반적 행위로 이해되어야 한다. 위 발화에 대해 "차가 막혀서 늦었습니다."라고 대답한다면 그것은 위 발화를 발화 행위로 이해한 결과이며, "과장님, 지금 저한테 화내시는 거예요?"라고 대답한다면 그것은 위 발화를 발화수단적 행위로 이해한 결과이다.

위 발화를 "앞으로는 지각하지 말아줬으면 좋겠다."는 발화수반적 행위로 이해할 때 지각한 사원과 발화자인 과장 사이에 원만한 대화가 가능하다. 그럴 때라야 "아, 예. 죄송합니다. 앞으로는 늦지 않겠습니다." 라든가 "아내가 병원에 입원해서 당분간 지각이 불가피하겠습니다. 대신 야근으로 충당하겠습니다."라는 합리적 반응이 기대될 수 있기 때문이다.

물론 여기서 가장 중요한 것은 최초의 발화자이다. 그가 좀 더 발화수반적 행위로 이해될 여지가 많은 방식으로 이야기한다면 이야기를 듣는 사람 역시 최대한 발화자의 발언을 발화수반적 행위로 받아들일 것이다. 예컨대 "오늘은 또 무슨 일로 늦었나?"라는 이야기보다는 "요즘 많이 힘든 일이 있나 보군요."라는 이야기가 듣는 사람으로 하여금 좀 더 발화수반적 행위로 이끌 수 있을 것이다. 요컨대 발화를 발화수반적 행위로 이해할 때 비로소 합리적 소통이 가능하다는 것이 하버마스의 주장이다.

이처럼 언어를 발화수단적 행위가 아닌 발화수반적 행위로 구사할 때에만 합리적이고 서로를 참으로 이해하는 의사소통이 가능하게 된다. 앞서 다뤘던 쌍용차 문제로 되돌아가보자. 노동자들의 고공시위를 어떻게 이해해야 할까? 하버마스의 이론을 적용한다면 이들의 주장은 절박한 처지에 몰려있으니 제발 자신들의 생존권을 최소한이나마 보장해 달라는 발화수반적 행위로 이해해야 한다.

쌍용차 문제를 법적, 행정적 차원의 문제로 다룰 경우, 즉 체계 차원에서 다룰 경우 그들의 행동은 불법적이고 폭력적인 것에 불과하다. 그러나 이런 체계 차원의 접근으로 인해 벌써 24명이 스스로 목숨을 끊었다. 체계 차원의 접근은 쌍용차 문제를 해결하기 위한 적절한 방법이 아니다. 그들의 발화수반적 행위를 귀담아 듣고 그들의 절박한 생활세계의 현실에 대해 의사소통적 합리성을 발휘해야 문제 해결의 실마리를 발견할 수 있다.

반면 수백억 원의 손해배상을 청구한 회사 측의 행위는 발화수단적 행위로 이해된다. 엄청난 금액의 손해배상을 청구함으로써 노동자들이 결국 파업을 철회하고 현실에 굴복하게 될 것이라는 전략이 노골적으로 담긴 행위이다. 왜냐하면 노동자들이 그만큼의 거액을 정말로 배상할 능력이 있으리라고 아무도 생각하지 않기 때문이다. 이러한 발화수단적 행위는 참된 의사소통을 방해하는 행위라 할 수 있다.

지금 우리 사회는 합리적 의사소통이 절실히 요구된다. 좀더 구체적으로 말하면 발화수단적 행위가 아닌 발화수반적 행위가 절실히 요구되는 시점이다. 발화수반적 행위를 통한 활발한 의사소통이 전개되지 않는다면 우리가 그토록 바라는 소통은 이루어지기 어려울 것이다.

나아가 소통은 인문학 그 자체를 일컫는 말이기도 하다. 니체는 『우상의 황혼』의 부제를 "망치를 들고 철학하는 법"이라 말한 바 있다. 그는 기존의 철학적 체계와 대결해 나가는 자신의 활동을 망치로 부수는 행위라고 과격하게 묘사했다. 신영복은 니체의 표현을 변형하여 이렇게 말한다. "우리들의 생각을 가두고 있는 틀을 깨뜨려야 합니다……그래서 철학은 망치로 하는 것이라고 합니다."

망치로 부수고 부수임을 당하는 것, 그것이 소통이고 그것이 인문학이다. 서로를 불편하게 할지 모르지만 서로를 진정으로 이해할 수 있도록 인도하는 소통으로 넘실대는 건강하고 역동적인 세상을 꿈꿔본다.

 채석용

한국외국어대학교에서 독일어와 철학을 공부하고 한국학중앙연구원에서 최한기 연구로 철학박사학위를 받았다. 다산학술문화재단 전임연구원을 거쳐 현재 대전대학교 글로벌융합창의학부에 재직 중이다. 저서로 『최한기의 사회철학』, 『철학개념어사전』, 『나를 성장시키는 독서법』, 『논증하는 글쓰기의 기술』이 있다. 학생들과 함께 고전을 읽고 토론하는 방식으로 수업을 진행한다. 지식을 묻는 일체의 시험을 치르지 않으며 오로지 스스로 생각하고 비판하며 타인과 소통하는 태도를 중시한다. 진화론을 비롯한 과학적 성과를 토대로 유교의 새로운 가능성을 모색하는 일에 최근 관심을 가지고 있다. 페이스북(facebook.com/csylogos), 블로그(csylogos.blog.me)

healing

치유

프로이트,
우리를 구해줘!

현실의 고통을 희망과 꿈이라는
환상을 동원해 해소해가고,
나아가서는 자신과 세상을 새롭게 바꾸어가자.
꿈과 희망이 없다면
우리는 현실의 고통과 슬픔 속에 함몰되어
더 이상 일어서지 못하게 될 것이다.
_본문 중에서

학문을 한다는 직업적인 특성상 학생들이나 직장인들에게 강의할 기회가 매우 많다. 특히 최근 몇 년 사이 기업에서 직장인들을 대상으로 한 인문학 강좌가 눈에 띄게 늘어나며 직장인들을 만날 기회가 더욱 많아졌다. 정신분석학 강의를 하다 보면 자연스럽게 수강생들의 마음 상태를 읽게 되는데, 최근에는 단연 삶에 대한 불안감, 사회에 대한 분노, 그로 인한 상실감이 가장 크게 느껴진다. 그만큼 우리 삶이 팍팍하다는 증거일 것이다.

심리학이 인간의 의식과 행동 및 그 연관성을 주로 연구하는 학문인 반면, 정신분석학은 인간의 무의식The Unconscious을 연구하는 학문이다. 무의식이란 인간의 내면에 인식되지 못하고 자리하고 있는 원초적 감성으로 잠재의식으로도 표현된다. 그동안 우리 사회에서는 정신분석학이 정신분열증을 치료하는 의과대학의 과목으로 분류돼 온 것이 사실이다. 그러나 인식이 태도를 만들고 태도가 행동을 유발한다는 전제 아래 형성된 인간행동 연구가 그 한계를 보이면서 사회 및 정치이론에서도 무의식에 대한 관심이 매우 높아졌다. 우리가 인식 혹은 의식하는 것도 따지고 보면 무의식의 표출이기 때문에 이 무의식의 실체를 아는 일이야말로 자신을 이해하는 열쇠가 된다. 따라서 인간의 사회 및 정치적 행동

에 대한 무의식적 배경을 연구하는 정신분석적 사회 · 정치이론이라는
새로운 분야가 나오기도 했다.

나도 모르는 나의 속마음, 무의식

무의식을 이야기할 때 빼놓을 수 없는 이가 바로 정신분석학의 창시
자 프로이트Sigmund Freud이다. 프로이트의 가장 큰 업적은 뭐니뭐니해도
'무의식'의 발견이기 때문이다. 프로이트 이전 철학자들에게 중요한 것
은 '내가 보고 느끼는 의식의 세계'였다. 그런데 프로이트는 우리를 움
직이는 원동력은 우리도 인식하지 못하는 우리의 마음 한가운데 안개처
럼 잠운潛運하고 있는 무의식이라고 주장했다. 프로이트에 따르면 수면
위로 나온 빙산(의식)은 수면 밑에 있는
빙산(무의식)의 극히 작은 일부다. 우리
내부에는 우리가 인식하지 못하는 거
대한 감성의 덩어리인 무의식이 존재
하고 있으며 이 덩어리가 우리도 모르
는 사이에 우리의 행동에 영향을 미치
고 있다는 것이다. 프로이트의 주장은
오랫동안 인간의 정신을 이성의 산물
로 믿어온 서구 지성계를 단숨에 뒤집
어 놓았다.

프로이트는 무의식의 세계를 설명하
면서 그 구조적 본질로 이드Id와 자아

지그문트 프로이트 (1856~1939)
정신과 의사, 철학자이자 정신분석학
의 창시자이다. 무의식과 억압의 방어
기제에 대한 이론, 그리고 환자와 정
신분석자의 대화를 통해 정신 병리를
치료하는 정신분석학적 임상치료 방
식을 창안했다.

Ego 그리고 초자아Superego라는 세 개의 개념을 제시했다. 이드란 영어의 'It'에 해당하는 말로 자아를 점령하고 있는 무의식을 의미한다. 자아란 자신의 욕망대로 움직이려는 원초적 욕구의 덩어리이며, 초자아란 어린아이가 현실의 의미를 깨달아가면서 생성된 자기 보호적 욕구라고 할 수 있다. 그렇다면 이드 속에서 자아는 현실을 떠나서 자신의 기쁨만을 향한 무의식적 욕구의 실체이며, 초자아는 현실의 규범 속에서 자신을 보호하기 위해 자아를 현실의 원리에 맞도록 억제하려는 무의식적 욕구가 되는 것이다.

내 안에 있는 두 개의 나, 자아이상과 초자아

프로이트는 위 세 개념 외에 훗날 '자아이상'이라는 새로운 개념을 추가한다. 이로 인해 프로이트 이론의 해설가들과 정신분석학자들 사이에서 자아이상과 초자아에 대한 서로 다른 해석이 나오게 되었다.

첫 번째 해석은 우리사회에도 널리 알려진 프로이트 이론의 해설가인 홀Calvin S. Hall의 견해이다. 그는 『프로이트 심리학의 핵심A Prime of Freudian Psychology』이라는 저서에서 자아이상을 초자아의 하위개념으로 설명하고 있다. 즉 초자아는 자아이상과 "양심Conscience"으로 이루어져 있는데 자아이상은 부모들이 도덕적으로 좋다고 느껴지는 점을 따르려는 욕망이며, 양심이란 부모들이 도덕적으로 나쁘다고 느껴지는 일을 하지 않으려는 욕구라는 것이다. 그러니 자아이상도 현실의 도덕성과 연결된 욕구가 되는 것이다. 이와 같은 홀의 해석은 아직도 일부에서 받아들여지고 있지만 실제로 현대 정신분석학에서는 대다수 학자들에 의해 부정되고 있다. 이 점은 상당히 중요하기 때문에 조금은 어렵고 지루하지만 약간의 설명이 필요하다.

홀의 해석과 달리 정신분석학자 미체를리히Alexander Mitscherlich는 그 유명한 저서 『아버지 없는 사회Society without Father』에서 자아이상을 초자아의 하위개념이 아닌 대칭개념으로 설명하고 있다. 즉 자아이상이란 자아의 만족을 위해 생성되는 무의식적 욕구이며 초자아는 사회적 규범을 따르려는 무의식적 욕구라는 것이다. 이러한 해석은 은연 중 자아이상을 프로이트가 처음 말한 자아의 개념과 비슷하게 해석하고 있다고 봐야 할 것이다.

그렇다면 자아와 자아이상은 어떤 차이가 있는가? 현대 정신분석학의 일반적인 흐름에서는 자아란 자신Self과 같은 개념으로 이해하는 경우가 많다. 이는 자아란 자신으로서 그 내부에 이드라는 무의식이 있으며 그 무의식은 자아이상과 초자아라는 욕구로 구성되어있다고 보는 것이다. 이러한 해석은 프로이트에 있어서 자아란 두 가지 의미가 있다는 것을 뜻한다. 즉 하나는 큰 의미의 자신이며 다른 하나는 자신의 기쁨을 추구하려는 욕구라고 보는 것인데, 이때 후자를 자아이상으로 재설명한 것이다.

이러한 구별에 대한 명쾌한 답은 프랑스 여류 정신분석학자인 샤스귀에르 스미젤Janine Chasseguet-Smirgel로부터 찾을 수 있다. 그는 자아이상이란 "원초적인 자아도취의 완전성Primary Narcissistic Perfection"으로 회귀하려는 무의식적 욕구라고 정의한다. 그리고 초자아란 오이디푸스 콤플렉스Oedipus Complex를 거치면서 현실에 대한 의미를 깨닫게 될 때 이를 따르려는 무의식적 욕구로 해석한다. 어린아이는 어머니 배 속에 있을 때는 현실의 고통을 잘 모른다. 이러한 상태를 소위 "원초적 자아도취의 완전성"이라고 한다. 그런데 인간에게는 한 번 경험한 기쁨을 다시 찾으려는 본능이 있기 때문에 일생을 통해 지속적으로 어머니 배 속에서 경험한 자아도취적 완전성을 추구하게 된다. 정신분석학에서 인간은 본질적으로 "어머니 자궁 속으로 다시 돌아가려는 욕구Wish to Return to the Mother's Womb"를 가지고 있다고 하는 것은 바로 이를 두고 한 말이다. 따라서 샤스귀에르 스미젤은 자아이상이야말로 원초적 자기도취의 완전성을 찾으려는 "기쁨의 원리Pleasure Principle"에 근거한 욕구라고 규정하고 있다.

어린아이는 막 태어났을 때 어머니와 자신을 분리시키지 못한다. 그러나 6~7세가 되면서 어머니 사랑의 대상은 자신이 아니라 아버지인 것을 깨닫게 되는데, 이것이 최초의 현실적 의미를 깨닫게 되는 과정이다. 프로이트는 이를 우리도 잘 아는 오이디푸스 콤플렉스라는 개념으로 설명하고 있다. 이에 근거하여 샤스귀에스 스미젤은 초자아를 오이디푸스 콤플렉스를 거치면서 싹트게 되는 "현실의 원리Reality Principle"를 따르려는 욕망으로 본 것이다. 초자아에 대한 개념은 프로이트도 이와 같이 설명했다. 이는 초자아란 자아이상을 억제하는 욕구로 볼 수 있기에 나는 초자아라는 의미를 자아이상의 대칭개념으로서 좀 더 명백히 규정하기 위해 "자아억제"라고 표현하곤 한다.

이처럼 자아이상과 초자아를 대칭개념으로 본다면, 자아(혹은 자신)라는 무의식의 덩어리 속에는 자아이상과 초자아의 대칭적 욕구가 서로 갈등하고 있다고 보아야 할 것이다. 이것이 바로 내가 주장하고 있는 정신분석적 심리구조에 대한 해석이다.

오이디푸스와 안티고네

안토니 브로도프스키 | 1828년 | 캔버스에 유채 | 바르샤바 국립미술관

오이디푸스 콤플렉스는 그리스의 소포클레스가 쓴 비극 중의 하나인
『오이디푸스 왕』에서 프로이트가 차용한 개념으로
프로이트 정신분석학에서 정서발달에 대한 가장 핵심적 개념이다.
생부를 죽이고 생모와 결혼하게 되는
오이디푸스 왕의 비극적 운명을 보면서 프로이트는
인간의 사랑과 죽임이라는 양대 본능의 본질을 찾았다.

자아이상이 강한 사람, 초자아가 강한 사람

치유를 이야기하며 내가 집중하고자 하는 것은 바로 자아이상과 초자아이다. 인간의 모든 감성적 갈등과 고통, 그리고 슬픔 등은 자아이상과 초자아라는 양대 욕구의 불균형 혹은 심한 갈등에서 비롯되기 때문이다.

앞에서 살펴본 것처럼 자아이상은 이드 속에 존재하는 자아로, 현실을 무시하고 기쁨만을 추구하려는 무의식적 욕구이다. 반면 초자아는 자아를 현실의 원리에 맞도록 억제하려는 무의식적 욕구이다. 예를 들어 노래 부르기를 좋아해서 가수의 꿈을 가진 이가 현실적인 이유로 보험회사에 취직했다고 생각하자. 이때 자아이상은 어서 빨리 직장을 그만두고 가수가 되기 위해 노력할 것을 요구한다. 이것이 자아이상의 욕구이다. 반면 초자아는 현실을 직시하라며 직장에 충실할 것을 조언한다. 이것이 바로 초자아의 욕구이다.

우리들 중에는 자아이상이 강한 사람도 있고 초자아가 강한 사람도 있다. 일반적으로 자아이상이 강한 사람은 비현실적인 혹은 엉뚱한 생각을 많이 한다. 어느 면으로는 현실에 불만을 가지고 사회적 규범이나 도덕성에 대해서 비판적 태도를 보이기가 쉽다. 어린 시절에는 부모나 선생님의 말을 거역하는 경우도 있다. 한마디로 자신이 좋아하는 대로 행동하는 경우가 많다는 것이다. 반면 초자아가 강한 사람은 현실적인 법과 도덕 혹은 규범을 잘 지킨다. 지각도 하지 않고 결석은 더더욱 하기를 꺼려한다. 친구들과 빗나간 행동은 상상도 못한다. 법이 없어도 문제가 없을 사람 같다. 그러니 현실에 매우 잘 순응한다. 자기가 좋아하는 일이 있어도 현실적으로 이를 즉각 실행에 옮기는 것을 두려워한다.

실로 모든 사람은 무의식적으로 매순간 자아이상과 초자아의 갈등을 경험하고 있다. 그리고 상황에 따라 자아이상이 이길 경우도 있고 초자아가 자아이상을 억제할 때도 있다. 우리가 흔히 정상적이라고 보는 정신 상태는 이러한 자아이상과 초자아가 적절히 타협을 하는 경우를 말한다고도 할 수 있다. 이는 바로 자아이상이 점진적인 길을 택하는 경우인 것이다. 그런데 자아이상이 항상 초자아의 억제를 뿌리치고 이길 경우는 비현실적인 행동을 보이기 쉽다. 예를 들어 변심한 애인을 찾아가 행패를 부리고, 모든 일이 뜻대로 안 될 경우 자기의 이상에 집착을 보여 현실에서 용납될 수 없는 범죄적 행위도 서슴치 않는다. 이는 한마디로 자기가 좋아하는 일을 계속 추진하는 데 현실적인 요소를 고려치 않음을 의미한다.

그렇다고 자아이상이 강한 사람이 항상 퇴행적이고 초자아가 강한 사람이 항상 긍정적이며 모범적이라는 것은 아니다. 만약 모든 사람이 초자아가 시키는 대로 주어진 현실의 논리에만 충실하거나, 자아이상이 초자아와 타협만을 한다면 이 세상은 바뀌지 않을 것이다. 따라서 자아이상이 초자아의 억제를 벗어나더라도 인간을 행복하게 이끌어간다는 문명의 근본정신에 부합되는 창조성을 발휘한다면 이는 결코 퇴행적이라고 볼 수 없다. 우리는 학문이나 예술, 혹은 정치에서 자아이상을 통한 긍정적인 현실의 변화 혹은 창조적 업적을 수없이 경험하고 있다. 즉 학문이나 예술적으로 당시 현실에서는 용납되지 않았던 이론이나 시도가 후일 새로운 의미로 인정되는 경우는 허다하다. 따라서 자아이상이 원초적 자아도취의 완전성으로 돌아가려는 욕구인 이상, 이는 우리의 소망, 꿈, 그리고 기대 등으로 발전하여 새로운 현실을 창조하는 힘을 가질 수 있다.

또 한 가지 첨가하자면 자아이상은 초자아를 완전히 삼켜버릴 수 있지만, 초자아는 자아이상을 완전히 제압할 수는 없다는 사실이다. 이는 자아이상이야말로 인간의 원초적인 욕구이며, 초자아는 자라나면서 후천적으로 현실의 원리를 알아갈 때 생성되는 욕구이기 때문이다. 인간은 새로운 현실을 꿈꾼다. 그러나 주어진 현실의 규제도 벗어나기 어렵다. 이런 점에서 본다면 초자아의 욕구란 현실을 살아가려는 계산에 불과하다고 볼 수도 있다. 이는 원초적인 것이 아니라는 말이다.

우리가 삶에 만족하지 못하는 이유

만족을 향한 우리의 욕구는 앞서 설명한 자아이상의 본질이다. 즉 원초적 자아도취의 완전성으로 회귀하려는 욕구인 자아이상은 근본적으로는 인간이 원초적으로 가지고 있는 비자족성과 현실적 한계에도 불구하고 계속 작동한다. 이러한 인간의 한계성 그리고 그것을 해결하려는 자아이상의 꿈과 현실의 모순 속에서 우리는 매순간 갈등한다. 그리고 자아이상이 제대로 실현되지 못할 때 우리는 좌절하고 고통을 맛보며 슬픔을 느낀다.

안타깝게도 인간은 본질적으로 자족적이지 못하다. 그 비자족성은 크게 세 가지로 요약될 수 있다. 첫째, 인간의 정신은 시간 너머에 있지만 육체는 시간의 절대적 제한을 받는다. 즉 정신은 영생을 꿈꾸지만 육체는 죽어야 한다. 이러한 정신과 육체의 불일치로 인해 인간은 결국 스스로 만족할 수가 없다. 정신분석학적으로 보면 이 세상의 모든 종교는 이러한 정신과 육체의 불일치를 해소하기 위한 대안으로 등장된 것이라고 해도 과언이 아니다. 생명이 있는 것은 죽어야만 하는 숙명을 지녔으니 생명이란 죽음을 전제한 것이 되고 만다. 따라서 죽어야만 한다고 할 때, 죽는 것에 만족하면 문제는 간단하다. 그러나 인간의 가장 본질적인 본능은 바로 삶이니 인간의 욕구와 현실 사이에 불일치가 있게 된다. 이것이야말로 모순이 아닌가?

둘째, 인간은 암수의 성적 기능이 동일 육체 내에서 작동되지 않고 분리되어 있다. 즉 남자와 여자가 따로 존재한다. 달팽이는 체내 수정을 하는 동물이지만 한 몸에 암수의 생식기가 동시에 있다. 그러니 달팽이의 육체는 적어도 성적으로만 본다면 자족적이다. 그러나 인간은 남자건 여자건 혼자서는 성적으로 자족적이지 못하다.

셋째, 흔히 인간은 사회적 동물이라고들 말하고 있다. 혼자서는 살기가 어려운 군거동물이라는 것이다. 그러나 한편 인간은 개개인마다 소망과 욕구가 다르기 때문에 개인의 욕구가 사회적 욕구와 일치하기는 어렵다. 아니, 일치될 수가 없다. 조금 우습게 이야기하면 혼자 있으면 심심하고 여럿이 있으면 귀찮을 수가 있다. 다시 말하면 혼자서 살기 어려워서 사회를 이루고 있는데, 사회는 개인 욕구의 적절한 절제를 요구하고 있다. 결국 인간은 개인과 사회의 불일치로 인한 모순 속에 있다.

이러한 세 가지 원초적인 비자족성으로 인해 인간은 본질적으로 홀로는 만족함을 얻을 수 없는 슬픔을 가지고 있다. 그런데도 인간은 끊임없이 이러한 비자족성을 해결해 완전성을 회복하려는 노력을 계속해 왔다. 이것이야말로 또 다른 모순이 아닐까?

문명이 낳은 필연적인 상처

　영국의 철학자인 홉스Thomas Hobbes 는 『리바이어던The Leviathan』이란 저서에서 그 유명한 "만인의 만인에 의한 투쟁All Against All"란 말을 했다. 이는 인간이 문명 이전의 자연 상태에서는 서로 살기 위해 죽음을 불사하고 투쟁했다는 말이다. 홉스는 인간의 가장 본질적인 본능을 "자기보존Self Preservation"이라고 보았기 때문에 자신의 생명을 유지하기 위해서는 누구라도 죽일 수 있다고 주장했다. 이는 거꾸로 보면 인간에게 가장 무서운 공포는 "폭력적 죽음Violent Death"이라는 것을 의미한다. 따라서 인간은 이 무서운 폭력적 죽음으로부터 자신을 보호하기 위해 문명을 탄생시켰다는 것이다. 아무리 힘이 센 사람도 저녁에는 잠을 자야 하고 또 인간은 도구를 사용하기 때문에 약한 자에게도 죽임을 당할 수 있다. 따라서 힘의 강약을 떠나 서로의 생명을 보존하기 위해서는 어떤 계약이 필요했고, 이것이 바로 도덕과 법률이 되어 비로소 미개에서 문명으로의 전환이 이루어지게 된 것이다.

　따지고 보면 문명이야말로 인간의 가장 위대한 발명품이다. 홉스는 이러한 문명을 자기보존을 위한 욕구로부터 출발된 것이라고 보았던 것이다. 그런데 후일 니체는 인간은 자기보존도 중요하지만 동물과 달리 또 다른 본질적 욕구가 있으니 그것이 바로 "자아실현Self-Realization"이라고 주장하고 나섰다. 그렇다! 인간은 육체적 생명을 유지하는 것도 중요하지만 자기의 꿈을 실현하려는 욕구를 생명보존 못지않게 중요하게 느끼는 동물이다. 인간이 다른 동물과 달리 자살을 할 수 있는 것은 육체적 생명 못지않게 정신적인 자아실현이 중요함을 단적으로 설명해 주고 있다고 하겠다. 정신이 죽어 있으면 육체적 생명이 무의미하게 느껴지는 것도 바로 이 때문이다.

그렇다면 바로 여기서부터 의미 있는 모순이 발생된다. 즉 인간은 생명을 보존하고 안전을 찾기 위해 문명을 발전시켜 오고 있지만, 그것을 담보로 수많은 다른 감성들을 억제당해야 하기에 자아실현의 문제가 꼭 생명보존만으로 추구되지는 않는다는 사실이다. 문명 속에서는 아무하고도 결혼을 할 수 없다. 결혼한 배우자가 있을 시는 그 여타의 사람을 사랑하는데도 규제가 따른다. 뿐만 아니라 미워하는 사람이 있어도 마음대로 그를 죽일 수 없다. 한마디로 자기가 좋아하는 일만 하고 살기는 어렵다.

따라서 프로이트는 그 유명한 『문명과 그 불만족Civilization and Its Discontents』이란 글을 드디어 쓰게 된 것이다. 인간은 문명이 없었더라면 언제 어디에서 누구에게 맞아 죽을지도 모르는 공포에서 벗어나기가 어려웠을 것이다. 즉 문명시대를 살아가고 있기 때문에 우리는 우리의 생명과 재산을 보호받고 있다. 그러나 한편으로는 이러한 생명보존의 대가를 톡톡히 치러야 한다.

문명시대를 살아가면서 상처 받지 않는 사람이 없다는 말은 바로 이러한 문명의 양면성 때문이다. 한마디로 문명은 우리에게 약도 주고 병도 주고 있는 꼴이다. 모든 사람의 욕구가 다 실현되는 현실은 존재할 수 없다. 인간 사회란 여러 명이 모여 살기 때문에 어떤 질서가 필요하고, 그 질서가 파괴되면 그 사회 역시 파괴되고 말 것이다. 때문에 앞서 이야기한 대로 인간은 사회생활을 하면서 질서의 이름 아래 자신의 개인적인 욕망을 억제해야 할 때가 많이 있다. 이는 앞서 지적한 개인과 사회의 불일치와도 연관성을 가진다.

결국 문명 속에서 모든 인간들은 이 모양 저 모양으로 자신의 감성을 억제해야 한다. 그리고 이러한 억제야말로 우리에게 고통을 주고 슬픔을 주는 근본 원인이 되고 있다. 그러나 우리는 자아이상을 가지고 있기 때문에 끊임없이 문명의 불만족을 해소하려는 노력을 하지 않을 수 없다. 이러한 과정 속에서 인간은 누구나 현실(문명의 규범)과 자아이상을 통한 자아실현 사이에서 갈등하고 있는 것이다.

인간관계에서 비롯된 마음의 상처들

우리의 모든 감정들을 좌우하는 무의식의 형성도 따지고 보면 자아와 외부세계 혹은 대상과의 끊임없는 관계, 즉 내사Introjection와 투사projection를 통해 형성된다. 내사란 외부세계 혹은 대상이 나에게 미치는 영향이며, 투사란 자아가 외부세계 혹은 대상을 향해 쏘아대는 반응이다. 현대 정신분석학의 대상관계이론을 주도한 영국의 여류 정신분석학자인 클라인Melanie Klein은 프로이트가 초기에 주장했던 인간의 양대 본능인 사랑Eros과 죽임 혹은 공격성Thanatos or Aggression을 자신과 외부세계 혹은 대상(타인)과의 관계 속에서 내사와 투사를 통해 이루어진 기본적인 감성으로 재해석하고 있다.

프로이트에게 본능이란 단순히 우리 몸Body의 소산이다. 그러나 클라인은 「감성전이의 근원Origin of Transference」이라는 글을 통해 본능이란 타인을 향한 감성Emotion or Passion이라고 파악했다. 예를 들면 어린아이의 경우 자신을 제일 먼저 돌보는 어머니라 해도 감성적으로 좋게 느껴지면 어머니를 사랑하게 되고, 나쁘게 느껴지면 미워하게 된다는 것이다. 이것이야말로 프로이트가 주장한 본능으로서 사랑과 공격성도 대상과의 관계 속에서 생성되는 인간 감성의 핵심적 요소라는 것을 의미한다. 따라서 클라인은 프로이트의 본능을 자아가 타인과의 관계 속에서 얻어지는 사랑Love과 미움Hate이라는 양대 감성으로 재해석했으며, 여타 모든 감정들은 바로 이 두 개의 본질적 감성에서 유래되는 것으로 설명하고 있다.

이는 바로 우리의 감성을 좌우하는 근본 동기는 타인과의 관계 속에서 형성된다는 것을 의미한다. 인간은 사회적 동물이면서 동시에 자신의 주체적인 개성을 동반하고 있으므로 앞서 설명한 바와 같이 개인의 소망이 타인이나 사회적 요구와 항상 일치할 수 없다. 또한 정신분석학은 인간이야말로 자신의 이익을 극대화하려는 혹은 자기의 영향력을 확대하려는 이기적인 존재라고 이해하고 있다. 그러니 서로의 이기심이 충돌할 수밖에 없다. 이런 까닭에 우리는 타인과의 관계에서 항상 갈등을 경험하게 되고, 또한 자신의 이익이 침해됨을 느낄 때 감성적으로 고통과 슬픔을 경험하게 된다.

현대 사회에서 대개의 성인들은 주로 3~4가지의 자아에 대한 복합적 의미를 느끼고 살아간다. 첫째는 자신 그 자체이다. 즉 순수한 한 인간으로서 자아의 존재의미이다. 둘째로는 가족구성원으로서 자아의 역할과 존재의미이다. 이는 남편과 아내, 혹은 아버지와 어머니 혹은 아들과 딸들로서 사회와 문화가 요구하는 의미를 부여받은 자아를 말한다. 셋째로는 직장이 요구하는 자아의 의미이다. 평직원 혹은 중간 간부, 임원 아니면 최고경영자로서 그 조직체가 요구하는 역할이 있다는 것이다. 그리고 넷째로는 자기가 속해 있는 지역적 구성원으로서 자아의 의미이다. 즉 한 국가의 국민, 혹은 특정 민족의 구성원으로서, 그리고 한 지역 사회의 시민으로서 자신에게 어떤 의미나 역할이 요구되고 있다. 특히 우리 사회같이 농경문화에 영향을 많이 받은 민족에게 지역적 의미는 자아의 특성을 규정짓는 중요 요소가 되기도 한다.

이러한 3~4개로 분류될 수 있는 자아의 의미가 항상 서로 화합되어 일치감을 보인다면 얼마나 좋을까? 그런데 대부분은 서로 갈등하기가 쉽다. 즉 자아의 소망과 자기의 가정이나 직장 혹은 국가나 민족의 소망이 항상 같을 수 없기 때문이다. 때문에 순수한 한 인간으로서 자아는 언제나 외로운 길을 걸어가게 되며, 대다수 사람들은 자기가 속해 있는 특정 집단의 요구와 끊임없이 갈등하고 타협하면서 이 세상을 살아가고 있는 것이다. 앞서 설명한 자아이상과 초자아의 관계로 이 문제를 바라 보면 순수한 자아는 자아이상의 발현에 근거한 것이며, 사회 혹은 집단 의 요구는 초자아의 자아이상에 대한 억제적 요소들이라고 볼 수 있다.

따라서 자아(혹은 자아이상)와 사회나 집단의 욕구가 적절히 조화를 이 루면 별 문제없이 현실을 살아갈 수 있다. 그러나 자아의 욕구와 사회나 집단의 욕구가 크게 상충하면 한없는 괴로움과 갈등을 겪게 된다. 그래 서 자아이상의 욕구대로 살아가면 왕따를 당하기 일쑤이다.

이러한 문제와 더불어 자아는 타인과의 일대일의 관계 속에서도 수 많은 감정을 일으킨다. 남편과 아내의 관계, 친구와의 관계, 직장동료 및 선배와 후배와의 관계, 부모와 자식간의 관계 등등, 수많은 일대일의 관계에서 다양한 감정들이 생성되고, 이로 인해 우리는 기쁨 혹은 슬픔 을 체험하게 된다. 신도 모르는 사이에 우리 모두는 자친구, 선배, 후배, 아내나 남편, 부모, 자식, 그리고 직장 동료와 상사 및 부하에게 상처를

콩코드 광장

에드가 드가 | 1875년 | 캔버스에 유채 | 78.4×117.5cm | 에르미타슈 미술관

주고받으며 살고 있다. 상처를 주고받지 않을 수 없는 이유는 인간은 이기적 존재이기 때문이다. 만일 큰 상처를 받지 않으려면 자아를 약간 억제해야 한다. 그리고 타인의 자아이상을 일부 받아들여야 한다. 그런데 이러한 자아의 억제가 즐겁게 이루어지기는 매우 어려운 일이다.

자아 분석을 통해 상처 치유하기

그러면 이러한 우리의 갈등이나 고통 혹은 슬픔을 치유할 길은 없는가? 물론 현대 정신분석학은 이러한 심리적 상처의 치료를 위해 다양한 처방을 제시하고 있다. 뇌의 신경전달물질들간 균형이 파괴되어 나타나는 우울증 등은 우리에게 활력을 주는 신경전달물질들을 투여함으로써 그 균형을 유지시킬 수 있다. 혹은 상담이나 예술치료요법 등 다양한 방법을 통해 우리의 심리적 상처를 완화시키는 노력도 전개되고 있다. 그러나 나는 이 자리에서 정신분석학적 원리에 따른 본질적인 자아의 심리적 상처에 대한 치유의 대안을 몇 가지만 제시하려고 한다. 이는 우리의 감성구조를 이해하고 우리의 심리적 상처의 발생 원인을 파악함으로써 얻어낼 수 있는 정신분석학적 기초 원리라고 할 수 있다.

가장 먼저 우리는 우리 자신의 불만족과 슬픔이 어디에서 유래된 것인가를 파악해야 한다. 이 문제를 논하기 위해 지금까지 인간의 심리구조 및 우리를 슬프게 하는 근본 원인들을 살펴본 것이다. 현재 나의 불만족이 원초적 비자족성과 관련된 것인가, 혹은 문명의 양면성에 기인한 것인가, 아니면 어떤 사람과의 관계 속에서 얻어진 것인가를 파악해야 할 것이다. 구체적으로는 나의 자아이상은 현재 어떠한 소망과 기대 혹은 꿈을 향하고 있는가를 스스로에게 확인시키고 자신의 자아이상을 억누르고 있는 요소가 무엇인지도 알아내야 한다.

사회와 자신의 생각 간에 괴리를 통한 괴로움이라면 그 괴리의 본질이 무엇인가를 찾아야 한다. 또한 허락되지 않는 사랑 때문에 고통받거나 미운 사람을 때려주지 못해 괴로워한다면 현실과 자아이상의 간격을 인식해야 할 것이다. 그리고 타인과의 관계 속에서 얻어진 상처라면 이는 그 관계의 의미를 자세히 분석해 봄으로써 그 속에 숨어 있는 문제의 핵심을 찾아야 할 것이다. 이처럼 자신의 분석이 필요한 이유는 원인을 모르고는 어떠한 문제도 해결할 수 없기 때문이다. 나에게 닥쳐진 문제의 본질을 모르고 어찌 그것을 해결할 수 있겠는가!

이러한 이유로 우리는 우리의 자아에 대한 분석을 끊임없이 해나가야 한다. 저녁에 잠들기 전 몇 초라도 그날 이루어졌던 나의 행동을 스스로 분석하고 만약 불만족이 존재했다면, 현실과 타인, 그리고 자아의 괴리가 무엇인가를 생각해 봐야 한다. 그리고 자아와 현실의 괴리에 대한 의미가 일부라도 파악된다면, 그 다음으로는 스스로에게 본질적인 질문부터 시작해보는 것이다. 즉 나의 자아이상을 계속 주장하여 실현시킬 것인가, 아니면 현실과 타인이 요구하는 초자아적 억제를 일부라도 받아들일 것인가? 이러한 질문을 하다 보면 나름대로 문제 해결의 실마리가 풀리면서 자신을 조정하는 힘이 생길 수 있다.

슬픔을 승화시키는 방법

승화Sublimation란 정신분석학적으로 설명하자면 현실적으로는 실현이 어려운 자신의 욕망을 문명이 인정하는 가치로 전환시켜 해소하는 것을 의미한다. 이러한 승화적 행위의 대표적인 예는 종교 활동에서 찾을 수 있다. 즉 현실 속에서는 누구나 죽음에 대한 공포에서 벗어나기 어렵다. 그러나 종교의 믿음 속에서 죽음에 대한 두려움을 극복하는 예를 우리는 수없이 보고 있다. 예술 활동도 마찬가지다. 이몽룡과 성춘향은 당시의 시대상황에서는 도저히 결혼할 수 없었다. 그러나 소설이라는 가상공간을 통해 그들의 사랑은 꽃을 피우며, 우리는 이를 읽고 문명의 불만족에 대한 우리의 슬픔을 간접적으로라도 해소시킨다. 따지고 보면 권선징악勸善懲惡의 패턴을 가진 예술도 이러한 승화의 방법을 택하고 있다고 할 수 있다. 현실에서는 악이 승리하는 경우가 많은 것에 불만을 가지고 있지만, 예술의 가상공간을 통해 선이 승리하는 것을 보고 우리는 간접적으로 현실의 고통을 이겨낼 수 있기 때문이다.

이러한 승화의 해결방법은 우리의 삶 속에서 빈번히 일어나고 있다. 사랑하는 사람에게 배신을 당하는 일은 우리를 매우 고통으로 몰아넣는다. 그리고 복수심에 불타게 되는 것은 당연한 일이다. 이럴 때 우리의 복수심을 해소하는 길은 두 가지가 있다. 하나는 그 배신자에게 현실적으로 만회할 수 없는 고통을 주는 것이다. 다른 하나는 그 사랑을 아름답게 간직하면서 다른 한편으로는 또 다른 이상을 실현시킴으로써 그

▶ **승화** 정신분석학적에서 승화는 원초적인 욕구가 사회적으로 의미 있는 일로 전환되어 실현되는 것을 의미한다. 프로이트의 본능이론에 따르면, 승화란 성적인 충동에서 나오는 에너지가 비본능적인 그리고 사회적 가치로 전환되어 분출됨을 말하며 자기방어기제의 하나로 이해되기도 한다.

상처를 일부라도 해소하는 일이다.

전자의 방법은 대개의 경우 현실적인 법적 제재를 감수해야 한다. 때문에 전자의 방법으로 복수를 하다 보면 때로는 법의 제재를 통해 자신도 현실적으로 파괴될 수 있다. 그렇다면 두 번째 방법을 택할 수밖에 없는데, 이것이 바로 승화의 방법이다. 진정으로 사랑했기에 나는 물러나고 그 배신자의 행복을 바란다는 마음은 보통 사람으로서는 가지기 매우 어렵지만, 굳이 따진다면 이러한 마음의 변화도 승화에 해당한다고 할 수 있을 것이다. 그런데 이러한 마음을 가지려고 억지로 애를 쓰다 보면 또 다른 마음의 병을 얻을 수도 있다. 인간은 이성적이지 못하기 때문이다.

따라서 진정한 승화란 정신분석학적으로도 일부 논란을 일으키고 있다. 마음의 상처가 승화를 통해 과연 완전히 해소될 수 있을까? 나는 승화를 통한 심리적 상처의 완전한 해소에 대해서는 적극적인 신뢰를 하지 않고 있다. 그러나 승화를 통해 우리의 슬픔이 일부라도 치유됨을 부정하지도 않는다. 다시 말하면 우리의 심리적 상처는 승화를 통해 일부 해소될 수 있지만, 일부는 우리의 무의식에 침전되어 어느 때 또다시 나타나 우리를 괴롭힐 수도 있다는 것이다. 그러나 일부라도 해소해야 하지 않을까?

자신을 사랑함으로써 슬픔을 해소하기

인간이 본질적으로 비자족적이며 모순적인 존재임은 앞에서 설명했다. 그렇다면 이러한 비자족적이고 모순 속에서 파생된 모든 갈등과 고통을 해소하는 또 다른 방법은 그 고통과 슬픔을 차라리 사랑하는 것이다. 이러한 현상은 철학적으로 '내재성 혹은 내재론'으로 설명할 수 있다. 어떤 현상에 대한 근거나 원인이 자기 자신의 내부에 있다는 내재론 Immanence은 인간의 부족함을 넘어선 어떤 절대자의 '초월성Transcendence'에 대칭되는 의미이다. 이는 초월적인 힘이 없이도 자기 스스로 문제를 해결할 수 있다는 의미와도 연결된다. 따라서 내재론은 정신분석학적으로 자신을 사랑함으로써 자신의 문제나 슬픔을 극복하려는 시도와 일맥상통한다고 할 수 있다.

프로이트의 정신분석학에서는 사랑의 마음은 일차 대상을 향하지만, 사랑의 대상을 찾지 못할 때 우리 무의식에 핵심적 요소로 존재하는 사랑의 욕구 즉 리비도Libido는 자신을 향해 다시 되돌아올 수 있음을 주장하고 있다. 이것이 소위 정신분석학에서 말하는 '자아도취Narcissism'라는 개념의 핵심적 요소 중의 하나이다. 그런데 재미있는 사실은 자아도취적 성격을 소유한 사람은 우울증에 걸릴 확률이 상대적으로 낮다. 그리고 스트레스도 비교적 덜 받는다.

이런 이유로 나는 "우리의 처지를 약진의 발판으로 삼아……"라는 말을 자주한다. 가난하게 태어난 것을 한탄만 하면 나만 괴로울 뿐이다. 그 가난을 사랑하고 그것을 우리 발전의 발판으로 삼아야 할 것이다. 또 나의 못난 모습도 사랑해야 한다. 그렇지 않으면 우리는 계속 괴롭기 때문이다. 자신을 자신이 사랑하지 않으면 누가 사랑하겠는가? 물론 무조건 사랑만 하면 발전이 없을 수도 있다. 우리의 발전과 창조정신은 일부 우리의 슬픔을 통한 울분에서 나오기도 하기 때문이다. 한마디로 울분이 없는 사람은 변화를 시도하기도 어렵다. 울분이 있어야 이를 극복할 수 있는 창조적 행위도 나오는 것이다. 그러나 울분 속에 함몰되어 자신을 스스로 책망하며 괴로워만 한다면 이 또한 마음의 병을 앓을 수도 있다. 따라서 자신을 사랑함으로써 그 울분이나 슬픔을 해소시켜야 할 것이다.

감성의 표출과 정화

동양 속담에는 "일소일소 일노일로—笑—少, —怒—老"라는 말이 있다. 한번 웃으면 한번 젊어지고 한번 화를 내면 한번 늙어진다는 말인데 정신분석학적으로는 적어도 '일노일노'는 맞지 않은 말이다. 웃음이 건강에 좋다고 하여 요즈음은 여러 곳에서 웃음치료가 유행하고 있다. 억지로라도 웃기 시작하면 뇌가 정말 기쁜 일이 일어난 줄 알고 기쁨을 만끽할 수 있는 신경전달물질을 배출한다는 것이다. 뇌를 속이는 일이 맘에 걸리지만 이러한 이론은 일부 일리가 있다. 그런데 늙지 않으려고 화를 참으면 병이 생긴다는 것이 정신분석학의 일반 이론이다.

스트레스가 있으면 즉시 이를 풀어야 한다. 우리의 심리는 언제나 안정성 혹은 항상성을 유지하기를 원한다. 따라서 스트레스가 발생하면 이를 해소해 안정성을 유지하려는 욕구도 동시에 일어나는 것이 정상이다. 우리 속담에 "종로에서 뺨 맞고 한강에서 눈 흘긴다."라는 말은 이를 잘 대변해 주고 있다. 따라서 화가 나면 화를 내는 것이 정신건강에 좋다. 물론 너무나 큰 화를 내어 문명이 인정하지 못하는 수준으로 가면 법적인 제재를 받아야 한다. 그러나 적절한 자기감정의 표현은 우리의 정신을 순화하는데 매우 유익하다. 망치로 돌출 부분을 때려대는 스트레스 해소 기구가 있는 것도 바로 이 때문이다. 어느 곳에 가면 병을 깨는 곳도 있다고 한다. 이러한 것들은 간접적으로라도 자기의 울분을 원초적으로 해소하자는 이론에 근거한 것이다.

비극을 보고 한참 울고 나면 마음이 개운해지는 느낌을 받는 것도 이러한 원리와 상통된다. 즉 인간은 자기의 감성을 표출(혹은 배출)함으로 자신을 정화시킬 수 있는 것이다. 우리가 '카타르시스Catharsis'를 맛보았다고 하는 것은 이를 두고 한 말이다. 따라서 우리는 슬프면 울고, 기쁘면 웃고, 화나면 화를 내야 정신적으로 안정을 취할 수 있다. 웃음이 나와도 참고, 슬퍼도 눈물을 참고, 화가 나도 화를 참음으로써 자신의 고매함을 유지하라는 어느 성인의 말씀은 크게 보면 자신의 감정을 승화시키라는 말이다. 그런데 억지 승화는 오히려 우리를 더 괴롭히는 일이 된다. 내가 완전한 승화를 거부하는 또 다른 이유는 이 때문이다. 혹시 진정한 성인이 되면 그렇게 할 수 있을지 모르지만……

기쁨을 충족시키는 통로, 환상과 나만의 오솔길

일본의 정신분석학자인 기시다 슈岸田秀는 저서『게으름뱅이의 정신분석』에서 인간은 본질적으로 환상적 존재라고 주장한다. 그렇다! 우리에게 환상Hallucination이 없다면 우리는 원초적인 비자족성과 문명의 불만

▶ **환상** 정신분석학에서 비교적 가벼운 상상을 환상과 동시에 착각이라는 의미를 가진 'Illusion'이라 하고, 현실의 의미를 완전히 상실한 상상을 '망상(Delusion)' 이라고 하는데, '환상'은 착각과 망상의 중간쯤을 의미한다고 할 수 있다.

족, 그리고 타인관의 관계에서 얻어지는 정신적 상처를 치유하기 어려울 것이다. 마치 예술이 가상의 세계를 통해 우리의 슬픔을 치유하는 것과 마찬가지 논리다.

자아이상은 언제나 기쁨만을 향해 나아간다. 그러나 현실을 살아가면서 우리는 현실의 요구인 초자아의 억제를 받지 않을 수 없다. 그런데 현실에서 자아이상의 욕구가 실현되지 못할 때 우리의 정서는 환상을 통해서라도 그 자아이상을 꿈꾸려는 본질적 욕구를 가지고 있다. 이는 현실의 제약을 벗어나면서 가상의 공간에서 자신의 기쁨을 만끽하는 좋은 탈출구가 되는 것이다.

우리는 환상을 통해 여러 가지를 꿈꿀 수 있다. 현실에서는 받아들이기 어려워도 자기가 원하는 자기의 모습, 자기가 사랑하고 싶은 사람, 나아가 자기가 희망하는 세상을 상상하고 그려낼 수 있다. 따라서 환상은 우리의 현실적 슬픔을 해소하고 기쁨을 충족시키는 통로를 제공한다. 이런 이유로 나는 환상을 나만의 오솔길로 비유하기도 한다. 그 환상의 오솔길에 들어서면 나의 모든 슬픔과 고통은 사라질 수 있기 때문이다. 더 나아가 이러한 환상 속에서 우리는 문명이 인정하는 창조적인 또 다른 행복의 의미를 얻어낼 수도 있다.

그런데 이러한 환상이 너무나 과대하게 되면 부정적인 모습으로 변하고 만다. 모든 것은 정도의 문제라는 말이 이때도 적용된다. 너무나 자주 환상 속에 머물다 보면 현실감각이 무뎌지고 급기야는 현실 자체를 부정하는 정신적 장애를 일으키게 된다. 이론적으로만 보면 정신분열이란 자아이상이 초자아의 욕구를 완전히 삼켜버림으로써 야기되는 것이기에 현실감각이 사라지는 것은 정신분열의 핵심적 요소로 인정되고 있다.

　따라서 환상을 통한 우리의 심리적 치유는 적절한 정도를 유지해야
한다. 다시 말하면 현실을 분명히 인식하되 때로는 현실의 고통을 희망
과 꿈이라는 환상을 동원해 약간씩 해소해가고, 나아가서는 자신과 세
상을 새롭게 바꾸어가자는 것이다. 한마디로 꿈을 꾸고 희망을 가지는
것은 분명 환상이다. 그러나 꿈과 희망이 없다면 우리는 현실의 고통과
슬픔 속에서 함몰되어 더 이상 일어서지 못하게 될 것이다.

자아이상과 초자아의 화해

　마지막으로 스스로의 한계를 인식하기를 권한다. 인간은 자신도 모
르는 사이에 자아이상의 욕구로 인해 완전성을 추구하려는 본능을 가지
고 있다. 때문에 매 순간 갈등과 고통 그리고 슬픔을 맛보게 된다. 그러
나 인간의 한계를 나름대로 인식한다면 우리의 슬픔과 고통의 문제는
그 강도가 약해질 수도 있다.

　인간의 현실적 한계를 인식하면 우리의 자아이상은 현실의 원리에
근거한 초자아의 욕구와 적절히 타협할 수도 있다. 원론적으로 자아이
상이 초자아와 적적한 조화를 이루면 우리의 내부적 갈등이나 상처는
완화되는 경향을 보인다. 물론 자아이상이 현실과의 타협만을 일삼을
수는 없다. 자아이상은 현실의 욕구보다 더 근본적이기 때문이다. 또 자
아이상이 현실과 타협만을 일삼는다면 우리의 창조정신은 훼손되고 말
것이다. 인간에게 창조정신이 결여된다면 우리가 육체적 생명보다 귀하
게 여기는 자아실현의 의미가 상실되고 만다. 따라서 우리는 우리 자아

이상의 실현을 위해 계속 나아가야 한다. 다만 현실의 욕구를 무시하지 않고 그리고 우리의 한계를 인식하면서 나아가야 한다는 것이다.

고통과 슬픔이 없는 사람은 단 한 사람도 없다. 그리고 현실은 언제나 우리에게 무거운 짐들을 지우고 있다. 따라서 삶이란 매일 자신에게 일어난 문제를 하나씩 풀어가는 과정이라고 해도 과언이 아니다. 오늘 문제를 풀었어도 자고 나면 또다시 새로운 문제에 부딪히는 것이 바로 우리의 현실이다. 이 속에서 우리는 갈등하고 상처받고 고통당하고 있다. 그런데도 우리는 내일의 꿈과 희망을 향해 우리의 슬픔과 고통을 스스로 해결해가면서 창조정신을 발휘해야 한다. 이것이 바로 삶이 아니겠는가?

김용신 ——————————————————

미국 조지워싱턴대학교에서 정치학 석사학위를 받았다. 이후 인간은 본질적으로 끊임없는 내부적 갈등 속에 있다는 프로이트의 정신분석이론에 심취하게 되어 메릴랜드주립대학교에서 한국인으로서는 최초로 "정신분석적 정치·사회이론" 전공으로 정치철학박사학위를 받았다. 현재는 국제문화대학원대학교 석좌교수로 있으면서 '정신분석적 정치·사회이론'과 관련된 다양한 강의와 저술활동을 하고 있다. 주요 저서로는 미국에서 출판된 영문판 *The Ego Ideal, Ideology, and Hallucination*(자아이상과 이념 그리고 환상)"과 국내에서 출판된 『문명비판 I & II』, 『성리학자 기대승 프로이트를 만나다』, 『보수와 진보의 정신분석』, 『예술의 정신분석학적 해석』, 『심리학, 한국인을 만나다』 등이 있다.

happiness

행복

동서양의 철학자에게
행복을 묻다

현대인들에게 현재의 상태는 진짜가 아니다.
진정한 삶은 지금보다 나아질
미래에 있다고 여기기 때문이다.
어쩌면 현대인들은 미래를 현재로 당기기 위해
현재 내가 가진 시간과 돈, 관계 같은
삶의 자원들을 쓸어넣는지도 모른다.
_본문 중에서

'우리는 무엇을 위해 살까?' 이 질문에 사람들은 다양한 대답을 내놓는다. 그러나 자세히 살펴보면 그 대답들은 모두 '행복'으로 모아진다. 살아가는 목적을 어디에 두는지 사람마다 다를 수 있지만 결과적으로 모든 시대, 모든 공간의 사람들은 행복한 삶을 원한다. '행복'이라는 말의 실질적인 내용을 무엇으로 채울 것인가가 다를 뿐이다. 아주 사소한 문제가 해결되었을 때도 행복을 느낄 수 있지만, 남들이 부러워하는 조건을 갖추고도 깊은 불행에서 헤어나오지 못하는 사람들도 많다.

시대와 공간을 막론하고 어떤 자리에 있건 모든 이들이 더 나은 삶, 더 행복한 삶을 꿈꾸었지만 어느 누구도 쉽게 정답을 제시할 수 없는 것이 행복이다. 이처럼 행복이 복잡한 문제이기 때문에 수천 년간 그렇게 많은 동서양의 철학자들이 행복에 대해서 이야기했는지도 모른다.

아리스토텔레스, 행복을 말하다

우주와 인간을 연구한 철학자들은 누구보다 열심히 행복에 대해 생각한 이들이었다. 서양 고대 철학자 중에는 아리스토텔레스^{Aristoteles}가 가장 대표적이다. 아리스토텔레스는 서양 철학 하면 떠오르는 플라톤 Platon의 제자로, 플라톤과 함께 여러 분야에서 서양 철학의 토대를 만든 중요한 철학자다. 그는 평생 수십 편의 책을 통해 수학, 물리학, 천문학, 논리학, 수사학, 형이상학 등의 분야에서 탁월한 연구 업적을 남겼다. 아리스토텔레스가 쓴 여러 책 중에서도 『니코마코스 윤리학』은 서양 윤리학의 고전 중의 고전이다. 『니코마코스 윤리학』은 아리스토텔레스가 리케이온 학원에서 제자들에게 강의한 내용을 아들인 니코마코스가 정리해서 편집한 책이다. 행복을 말하기 위해 아리스토텔레스를 만나야 하는 것은 이 책이 '행복'과 '좋은 삶'에 대해 말하고 있기 때문이다.

아리스토텔레스는 인간이 하는 모든 활동은 궁극적으로 '좋음agathon'을 목표로 한다고 말한다. 우리가 어떤 행위를 하고 실천을 하는 것은 '좋음' 때문이다. 즉 우리가 어떤 행동을 하거나 수단을 택하는 것은 좋은 상태, 또는 좋은 것을 목표로 하기 때문이다. 보통 하나의 좋음은 더 상위의 좋음을 향해 있다. 그런데 이 좋음 중에서 다른 것을 위해서가 아니라 오직 그 자체로 좋은 것, 다시 말해 좋음의 계열의 가장 상위에 있는 좋음이 있다.

아리스토텔레스는 그 최상위의 좋음을 '행복' 즉 '에우다이모니아 eudaimonia'라고 부른다. 따라서 행복은 다른 것을 향하지 않는, 그 자체로 좋은 상태 즉 자족적인 상태라고 할 수 있다. 이런 맥락에서 아리스토텔레스는 행복이 "인간의 고유한 기능이 탁월함에 따라 탁월하게 발휘되는 영혼의 활동"이라고 정의한다. 행복은 인간에게 최상의 좋음이라는 말이다. 중요한 것은 아리스토텔레스가 행복을 "인간으로서의 고유한 기능을 가장 잘 발휘한 상태"라고 말한 것이다. 그런데 과연 인간의 고

아테네 학당

라파엘로 | 1510~1511년 | 프레스코화 | 400~500cm | 바티칸 미술관

정중앙 오른편에 서 있는 이가 아리스토텔레스이다.
『니코마코스 윤리학』을 들고 있으며, 자연세계에 대한 탐구를 대변하고자
땅을 향해 손바닥을 펼치는 동작을 하고 있다.

유한 기능이란 무엇인가? 아리스토텔레스는 이렇게 말한다.

> 피리 부는 사람의 선善은 피리를 잘 부는 것이듯, 인간 자체에도 만
> 일 고유한 기능이 있다면 바로 그 기능을 잘 발휘하는 것이 인간의
> 선일 것이다. 그런데 인간의 고유한 기능은 이성적 활동에 있는 만
> 큼 훌륭한 인간, 즉 행복한 인간이란 이성을 잘 활용하여 바람직한
> 삶을 영위하는 사람이다.

아리스토텔레스는 인간이 이성의 능력을 탁월하게 발휘할 때 진정으
로 내적인 기쁨을 얻는 행복의 단계에 이르게 된다고 보았다. 인간은 이
성적인 상태에서 가장 탁월하며, 이런 탁월함이 곧 인간의 고유한 기능
이 가장 잘 발휘된 상태라는 것이다. 한마디로 행복은 이성적인 능력을
통해 도달하는 것이다. 이때 아리스토텔레스가 말하는 이성 능력은 곧
고귀하고 신적인 것을 인식하는 능력이기도 하다. 이렇게 본다면 아리
스토텔레스가 말하는 행복은 일종의 신과 일치를 이루는 이성적이고 관
조적인 활동이라고 말할 수 있다.

또 아리스토텔레스는 진리를 관조하는 자, 즉 지혜로운 자가 가장 행
복한 사람이라고 했다. 아리스토텔레스가 말하는 행복은 심리적 만족
상태나 물질적 풍요가 아니라 좀 더 고차원적인 능력인 이성을 통해서
만 얻을 수 있는 것이다.

서양 고대 철학자에게 행복의 필수 조건은 '이성'

　이런 입장은 아리스토텔레스의 스승이었던 플라톤에게서도 쉽게 발견할 수 있다. 결국 플라톤과 아리스토텔레스 이후 서양 철학에서 이성적인 사유 능력과 행복을 하나로 연결하는 전통이 생겨난다. 아리스토텔레스 이후 서양의 많은 철학자들은 행복을 이성을 가진 인간이 필연적으로 추구하는 것이라고 생각했다. 인간의 이성을 강조하는 철학자들에게 최고의 행복은 이성을 통해 신과 하나가 되는 데서 얻어진다고 생각한 것이다. 『신학대전』으로 유명한 중세 스콜라 철학자, 토마스 아퀴나스Saint Thomas Aquinas 역시 "모든 인간은 본성상 행복하기를 원한다. 인간은 이성적 본성을 가지고 있기 때문이다. 따라서 인간이라면 누구나 행복을 원하지 않을 수 없다."고 말한다. 아리스토텔레스처럼 아퀴나스도 행복을 '이성'과 연결했다. 이런 전통에 있는 철학자들은 인간이 이성 때문에 행복을 원하고 이성이 있기 때문에 행복에 이를 수 있다고 말한다.

　이런 생각에는 물론 중요한 통찰이 담겨 있다. 인간이 스스로를 이성적으로 고양시킬 수 있고 또 그래야만 한다는 명령은 우리로 하여금 일시적이고 외적인 것들이 아니라 자기 안의 본질적인 능력을 일깨우게 해 준다. 인간은 일시적이거나 외적인 것에 휘둘리지 않을 수 있는 '이성'이라는 본질적이고 탁월한 능력을 가지고 있다. 바로 이 능력 때문에 인간은 스스로 자립하는 주체적인 삶을 살 수 있고 외부에 의존하지 않고 행복에 이를 수 있다.

　아리스토텔레스나 아퀴나스가 말하는 행복은 우리가 묶여 있는 물질적 조건이 진정한 행복의 조건이 아님을 확인시켜 준다. 대신 진정한 행복은 반성도 통찰도 없는 세속적 삶이 아니라 일종의 영혼의 고양을 통해 도달하는 자기 변화의 문제라는 사실을 깨닫게 해 준다. 그러나 바로 이 점 때문에 보통 사람들에게 행복은 남의 일로 느껴지기 쉽다. 진리에 대한 지적 관조나 신과의 일치 같은 행복의 조건은 매일매일 부단히 갈등하며 살아가는 우리 같은 소시민들에게는 요원한 일이기 때문이다.

아리스토텔레스가 제안하는 행복의 조건에 현재의 우리가 쉽게 동의하고 따라가지 못하는 이유 중의 하나는 이들의 이야기가 지나치게 추상적으로 느껴지기 때문이다. 아무리 인간의 고유한 기능이 이성을 탁월하게 발휘하는 것이라고 해도 현실의 조건을 뛰어넘을 수 없는 우리에게 이런 행복의 정의는 책 속의 이야기로 느껴지기 쉽다.

타인과 관계없이 혼자서 행복할 수 있을까?

전통적으로 서양 철학은 이성을 소유한 개인, 즉 '주체'를 하나의 절대적인 것으로 파악하고 이로부터 존재의 확실성을 세우고자 했다. 어렵게 들리기도 하지만 정리하면 이렇다.

개별적인 인간은 신이 부여한 이성을 가지고 있다는 점에서 한 사람의 주체다. 그리고 나는 이성을 가지고 있기 때문에 확실한 존재다. 그러나 이에 비해 '타자'는 불확실하다. 내가 아니기 때문이다. 그러므로 나는 불확실한 타자를 나와 구분하고 나의 밖으로 밀어내야 한다. 이처럼 이성을 가진 주체의 확실성은 타자의 불확실성 위에 성립하는 개념이다.

서양 근대 철학은 인간의 본질을 이성을 가진 주체로 내세우면서 바로 이를 기준으로 세계를 평가했다. 이런 배경에서 서양 철학이 오랫동안 타자, 타인을 나의 적대자 혹은 방해꾼으로 간주했던 것이다. '이성'이 없다고 평가받는 자연, 여성, 어린이, 유색인종 등이 '이성'의 타자로 역사의 중심으로 밀려났다. 근대 서양이 비서구 세계를 자기들의 방식으로 통합하고 개조하려고 했던 것도 그들의 눈에 비서구 세계가 야만적이거나 비이성적인 타자로 비쳐졌기 때문이다. 여성, 자연, 비서구 세계는 공통적으로 이성에 의해 정복되어야 할 타자의 세계였고, 그런 논리로 억압과 차별이 이루어졌다.

그래서 비판적이고 반성적인 푸코^{M. Foucault}, 레비나스^{E. Levinas}, 들뢰즈^{G. Deleuze}와 같은 20세기 현대 철학자들은 근대 철학이 쌓아 올린 주체의 환상에 도전해서 이른바 '타자'를 복권시키려는 전략을 시도해 왔다. 주체가 자기 동일성을 확보하기 위해 타자와 차이를 배제해 온 서양 지성사에 대한 반성이 나타난 것이다. 20세기에 활동했던 현대 철학자들은 '주체'나 '동일성' 같은 전통적인 철학의 주제 대신 '차이'나 '타자'처럼 과거에 배제되어 왔던 주제에 주목한다. 이런 시도는 행복에 대해 생각하는 우리에게도 유용한 제안이 된다. 지나치게 '나'의 확실성과 이성적 주체를 강조하지 않고도 행복에 대해 생각할 수 있게 하기 때문이다.

일단 '타자'와 '차이'의 관점에서 행복을 생각한다는 것은 행복의 조건이 '주체의 이성'에 국한되지 않는다는 것을 의미한다. 앞에서도 보았지만 전통적인 행복론은 이성적 주체의 성찰과 각성을 강조해 왔다. 개인의 반성과 성찰이 행복의 중요한 조건이기는 하지만 여기에는 중요한 것이 빠져 있다. 그것은 주체와 관계맺는 '타자'들이다. 사실 타자를 배

샤르팡티에 부인과 아이들의 초상

르누아르 | 1878년 | 캔버스에 유채 | 190×153cm | 메트로폴리탄 미술관

행복을 묘사한 명화들에는 어김없이 혼자가 아니라
가족, 친구들과 함께 등장한다. 우리가 느끼는 행복은 주관적인 만족 상태이지만
타인과 관계없이 독자적으로 행복하기는 어렵기 때문 아닐까?

제하고 주체의 행복을 말한다면 이는 사실 관념적이고 추상적인 이야기가 되기 쉽다. 우리가 느끼는 행복은 물론 주관적인 만족 상태지만, 타인과 관계없이 완전히 독자적으로 행복하기는 어려울 것이다.

더 나아가 행복한 삶은 일종의 모범적이거나 이상적인 삶을 의미하기도 한다. 만일 누군가 행복하다면 그것은 그가 만족스러운 심리 상태에 있다는 말이기도 하겠지만, 한편으로는 다른 사람들이 그의 상태를 하나의 지향할 만한 모범이나 이상으로 생각한다는 말이다. 따라서 행복은 단순히 주관적 상태에 머무는 것이 아니라 타인들과의 관계에서도 좋은 삶이어야 한다.

만일 단순한 주관적 상태나 만족감을 행복으로 옮긴다면 아마 일시적인 쾌락과 구분하기 어려울 것이다. 쾌락이나 만족을 느낄 때 행복하다고 생각할 수도 있지만 그것은 일시적인 차원에서 자신의 심리적 상태와 타협하는 것일 뿐, 사람들이 동의하고 바랄 만한 행복이라고 할 수 없다. 마약 중독자는 마약에 취해 있는 동안 행복하다고 느낄 수 있겠지만, 그가 마약에 취해 있는 상태를 다른 사람들이 행복으로 받아들이지는 않을 것이기 때문이다. 바로 이 점에서 행복은 한 사람의 내적이고 심리적인 만족 상태를 넘어 '타자들과의 관계'라는 차원으로 향하게 된다.

공자에게 행복의 조건이란?

우리는 앞에서 서양 고대 철학자들과 현대 철학자들의 행복론에 대해 살펴보았다. 그렇지만 여전히 행복이 무엇인지 답하기는 어렵다.

우리가 받아들일 만한 행복에 대해 이야기해 줄 철학자를 찾기 위해 동양으로 눈을 돌려 보는 것도 하나의 방법이다. 우리에게 익숙한 중국 고대 철학자 공자孔子라면 의미 있는 답변을 줄 수도 있을 것이다. 사실 공자만큼 행복에 관심이 많았던 철학자도 흔치 않다. 많은 사람들이 익히 알고 있는 『논어』의 첫 장이 이를 잘 보여 준다.

배우고 때에 맞추어 익힌다면 기쁘지 아니한가?

學而時習之 不亦說乎

벗이 있어 먼 곳에서 찾아오면 이 또한 즐겁지 아니한가?

有朋自遠方來 不亦樂乎

다른 사람이 알아주지 않아도 화내지 않는다면 군자가 아니겠는가?

人不知而不慍 不亦君子乎

『논어』는 첫 구절부터 기쁨과 즐거움을 말한다. 기쁨이 일종의 자기만족 상태라면 즐거움은 내적인 기쁨을 넘어 다른 사람과의 관계를 통해 겉으로 드러나는 공유 가능한 상태를 말한다. 이 세 구절은 직접적으로 행복에 관해 말하고 있지 않지만, 일종의 행복의 조건을 말하는 것으로 해석할 수 있다.

공자는 먼저 학문을 통해 자기 삶의 주인이 될 수 있어야 한다고 말한다. 공자에게 배우고 익히는 과정은 '기쁨'을 수반한다. 공부는 기계적인 훈련이 아니라 자발적인 마음의 선택이어야 한다는 것이다. 당시 공부가 사회 경영을 준비하는 귀족들의 기초 과정이었음을 생각한다면 기쁨이라는 주관적이고 심리적인 상태로부터 공부의 동기를 찾는다는 점

공자(BC 551~479)

중국 춘추 전국시대 말기에 활동한 사상가이자 교육자로 유학의 종장이다. 공은 성이며 자는 존칭이다. 어려서 아버지를 일찍 여읜 공자는 불우한 환경에서 일정한 스승도 없이 학문을 익혔다. 관리로서 지위가 오르며 도덕정치를 주창하며 뜻을 펼치고자 했으나 숱한 좌절을 맛보았다. 공자는 늘 고독했다. 13년 이상 이 나라 저 나라를 찾아다니며 벼슬을 구했지만 결국 뜻을 이루지 못하고 노나라로 돌아와 인재 양성에 힘썼고, 『논어』라는 영원한 고전을 남겼다.

은 중요한 의미가 있다. 공자는 학문을 기능적 수련이 아니라 기쁨이라는 주관적이고 주체적인 감정 상태로 끌고 들어왔다. 행복의 첫 단계는 이처럼 자발적이고 주체적인 과정을 통해 삶의 기쁨을 찾는 것이다.

주관적 기쁨의 다음 단계는 타인과의 관계로 나아가는 것이다. 공자는 친구와의 관계를 통해 즐거움에 이를 수 있다고 말한다. 개인적이고 주관적인 상태에 머무는 것이 아니라 타인과의 연대를 통해서 나의 기쁨을 확장하면 타인과 공유 가능한 '즐거움'이 된다. 특히 공자에게는 타인과의 관계가 중요하다. 공자는 『논어』에서 여러 번 즐거움을 말하지만 이 즐거움은 언제나 '인仁'이라는 가치와 연결된다. 잘 알려져 있듯이 '인'은 공자 철학의 핵심 개념이다. 공자가 말하는 '인'은 여러 해석이 가능하지만, 일종의 내적인 성숙을 통해 실현한 타자에 대한 도덕적 책임과 사랑이라고 할 수 있다.

『논어』는 다양한 맥락에서 백여 번 이상 '인'을 이야기한다. 공자는 '인'을 삶의 가장 중요한 원칙으로 삼아 타인과 관계 맺는 인간을 '군자君子'라고 부른다. 군자는 '인'을 통해 다른 사람들과 관계 맺으며 그 속에서 책임과 사랑을 다하는 인격적 존재다. 이렇게 본다면 공자 철학에서 가장 행복한 사람은 '인'을 통해 다른 사람과 도덕적인 관계를 맺으면서도 자기 삶의 중심을 잃지 않는 사람이다. 이런 맥락에서 공자는 자신이 아꼈던, 요절한 제자 안회를 가장 인한 사람으로, 그리고 불우한 상황에서도 즐거움을 잃지 않았던 진정으로 행복한 사람이라고 평가한다.

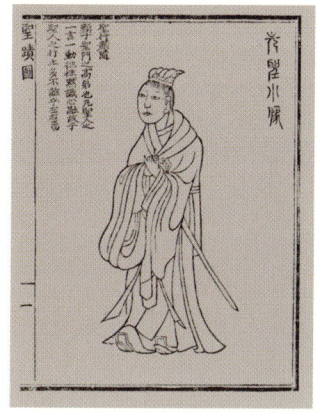

안회(BC 521~BC 490)
『논어』「안연편」에 등장하는 공자의 제자. 자가 자연(子淵)이라 안연(顏淵)으로도 불린다. 학문과 덕이 높아서 공자도 그를 가리켜 학문을 좋아하는 사람이라고 칭찬했고, 또 가난한 생활을 이겨내고 도를 즐긴 점을 높이 샀다고 한다. 공자의 수많은 제자들 중 공자가 가장 신임했던 제자로 안회 역시 공자에 대해 절대적인 믿음을 가졌던 것으로 전해진다. 공자 초상화 중 공자 뒤에 젊은 제자가 서 있는 경우 거의 대부분이 안회라고 한다._「공부자성적도」「성상과 안회」중 안회(국립중앙도서관)

『논어』의 첫 장 세 번째 구절 역시 이런 맥락에서 해석할 수 있다. 공자는 남들이 나를 알아주지 않아도 자신을 유지할 수 있어야 한다고 말한다. 행복에서 타인과의 관계가 중요하기는 하지만 세상에 휩쓸리거나 휘둘려서도 안 된다고 말한다. 진정한 행복은 타인의 평가에 흔들리지 않는 데서 온다. 온전한 행복을 느끼는 사람은 자신의 삶에서 자발적이고 주도적이며, 타인과의 관계를 통해 자신을 완성하되 외부의 평가에 휘둘리지 않는 사람이다.

그렇지만 공자의 행복은 여기에 머물지 않는다. 다음 구절을 보면 어쩌면 공자는 아리스토텔레스보다 한걸음 더 나간 사람으로 볼 수도 있을 것이다.

> 도를 아는 것은 도를 좋아하는 것만 못하고 도를 좋아하는 것은 도
> 를 즐기는 것만 못하다. 知之者 不如好之者, 好之者 不如樂之者

안다는 것은 자기 밖의 대상을 이해한다는 의미이다. 좋아한다는 것은 대상과 심리적 거리가 좁혀져 그것으로 인해 일종의 만족을 얻은 상태를 말한다. 그러나 우리가 보통 '즐긴다'고 말할 때는 단순히 좋아하는 단계에 머물지 않는다. 즐긴다는 것은 즐기는 대상과 하나가 되어 일종의 자유를 얻은 상태를 말한다. 자전거를 잘 타지 못해도 좋아할 수는 있지만 자전거를 즐기기 위해서는 자전거에 숙달되어 마치 한 몸처럼 움직일 수 있어야 한다. 이렇게 본다면 공자에게 행복이란 좋아함이나 기쁨 같은 주관적인 심리 상태가 아니다. 이는 안으로도 밖으로도 결여가 없는 충만함으로 마음과 몸, 생각과 느낌, 앎과 실천이 하나가 된 상태를 말한다.

지적인 이해보다, 무엇인가를 좋아하는 심리적 쾌락보다, 더 높은 행복은 대상과 완전히 동화되어 '즐기는 것'이다. 자전거를 타는 법을 아는 것보다 자전거 타기를 좋아하는 것이 더 큰 행복이고 자전거 타기를 좋아하는 것보다 완전히 자전거에 숙달되어 자전거와 한 몸처럼 자전거 타기를 '즐길 수' 있는 상태가 더 수준 높은 행복이라는 점은 두말할 필요가 없을 것이다. 이처럼 공자의 행복은 자신을 이성의 주체로 세우는 방식에서 오지 않는다. 자신의 삶에 대해 언제나 중심이 되지만 타자와의 관계를 통해 자신을 발전시키되 남에게 휘둘리지 않는 것이 행복의

가장 기본적인 조건이다. 그리고 무엇보다 행복은 결정적으로 대상과 하나가 되는 즐김의 경지에서 온다.

유유자적 장자, 그에게 행복이란?

공자가 유학의 행복에 대해서 말해 준다면 또 다른 중국 고대 철학자 장자莊子의 말을 들어 보는 것도 재미있을 것이다. 도가 철학이나 장자 철학에 대해서는 잘 몰라도 많은 이들이 '장자'하면 '자유'의 이미지를 떠올릴 것이다. 지금도 '도가 철학' 하면 많은 사람들이 자유롭고 호방한 정신을 연상한다. 그러나 장자가 중요한 철학자인 것은 그가 일종의 비판 철학을 열었기 때문이다.

장자
제자백가 중 도가(道家)의 대표자. 도(道)를 천지만물의 근본 원리로 보았다. 성은 장(莊). 이름은 주(周)이다. 장자는 그에 대한 존칭이다. 옻나무 정원을 관리하는 하급 관리였다. 관리 자리를 떠난 장자의 삶은 잘 알려지지 않았다. 그의 사상은 『장자』에 담겨 있다.

그의 철학은 당대의 지배 질서뿐 아니라 주류 학문에 이르기까지 전 방위적인 저격수의 역할을 했다. 특히 당시 정치와 사회에 중요한 영향력을 행사하던 유가에 대한 거부와 비판은 장자 철학의 중심을 이룬다. 간단히 말하자면 장자는 도덕성을 바탕으로 사회를 운영해야 한다는 유학의 주장을 반대한다. 대신 그는 자연성 그 자체 즉 '도道'에 따라 살 것을 주장한다. 장자가 생각하는 행복 역시 이런 맥락에 놓여 있다.

장자는 자연의 무수한 존재들이 모두

다 개별적인 삶의 방식을 유지하고 본성에 맞게 살 수 있는 세계를 진정한 도의 세계라고 본다. 도의 관점에서 만물은 그저 각자의 가치를 가질 뿐이다. 이것이 옳고 저것이 그르며 이것이 아름답고 저것이 추하다는 판단은 언제나 자기중심적인 아집에 그칠 가능성이 높다. 이런 아집에서 벗어난다는 것은 통제의 욕구에서 벗어난다는 의미이며, 다양성을 있는 그대로 수용한다는 의미일 것이다. 장자는 아집에서 벗어나 다양성을 수용하는 사람을 다음과 같이 표현한다.

> 옛날의 진인眞人은 삶을 기뻐하거나 죽음을 미워하지 않았다. 또한 태어남을 기뻐하거나 죽음을 두려워하지도 않았다. 그저 홀연히 왔다가 홀연히 갈 뿐이라고 생각했다. 삶의 시작을 기억하면서도 끝나는 바를 구하지 않았다. 하늘에서 생명을 받았음을 기뻐하면서도 죽으면 의연히 자연으로 돌아간다. 진인은 마음으로 도를 새기고, 인위적으로 하늘의 뜻을 저버리지 않는다. 진인의 마음은 속세를 떠나 도에 머물러 고유함을 유지하며, 이마는 넓고 평평하다. 어느 곳에도 치우치지 않는 마음은 서늘하기가 가을 같고, 따뜻하기는 봄과 같다. 감정이 사계절과 통하고 사물과 조화를 이루니, 감히 그 마음의 바닥을 짚을 수가 없다.

장자에 따르면 진인은 인간이 도달할 수 있는 최고의 경지에 이른 사람이다. 장자의 진인은 인간 사회에 모범이 되는 존재로서, 도덕성에 바탕을 두고 예를 통해 사회정치 질서를 유지하고자 하는 유가적 성인과 다르다. 장자가 말하는 진인은 만물과 하나 되어 자유를 추구하는 존재라고 할 수 있다. 이들은 자연의 필연성에 몸을 맡기기 때문에 사물과 상대하더라도 사물에 의해 지배당하거나 속박되지 않는 자유로운 존재들이다. 그리고 바로 그런 점에서 행복한 이들이다.

장자는 인간 사회에는 인위적인 차별이 만연하고 온갖 제도와 도덕들이 이 차별을 정당화하도록 만들어졌다고 본다. 따라서 인간을 비롯한 만물이 자연성을 잃지 않은 상태에서 각자의 차이가 인정되어야 한다고 주장한다. 행복은 이로부터 시작된다. 장자에서는 인위적인 제도에 갇혀 사는 것이 아니라 본성에 따라 자연의 흐름에 자신을 맡길 수 있는 사람이 진정으로 행복한 사람이다.

『장자』에 나오는 포정 이야기가 좋은 예다. 포정은 소를 잡는 장인이었다. 그런데 포정은 19년이나 같은 칼을 사용해 소를 잡았는데도 칼날이 조금도 상하지 않아 방금 숫돌에 간 것처럼 칼이 날카로웠다고 한다. 그 이유에 대해 포정은 자신이 소의 뼈와 살의 자연적인 결에 따라 칼을 사용했기 때문이라고 설명한다. 소의 뼈와 살의 본래의 결과 흐름을 정확히 알고 그에 따라 칼날을 사용했기 때문에 남들에게는 좁은 틈도 포정에게는 넓디 넓게 느껴졌던 것이다. 다시 말해 그는 소의 자연적 본성에 따라 칼을 다루었기 때문에 뼈와 뼈 사이의 얇은 틈도 넓게 여길 수 있었던 것이다. 본성에 따라 자연스럽게 움직일 수 있는 상태가 장자가 말하는 자유이자 행복의 전제 조건일 것이다. 장자가 생각하는 자유는 무엇이든 자기 마음대로 할 수 있는 능력이 아니라 자연스럽게 사물의 본성에 따라 거스르지 않고 움직이는 능력이다. 행복은 이런 자유를 얻은 이에게만 열리는 문일 것이다.

『장자』에 등장하는 지인이나 신인, 성인 같은 존재들이 일종의 자유인이자 행복한 사람이라고 할 수 있을 것이다. 장자가 말하는 지인이나 신인, 성인은 세속적인 사람보다 더 근원적인 통찰에 이른 사람을 말한다. 장자는 "지인至人은 자아에 대한 집착이 없고, 신인神人은 자신의 공을 내세우지 않으며, 성인聖人은 명예를 추구하지 않는다."고 말한다. 이들이 사물에 속박되지 않고 집착에서 벗어날 수 있었던 것은 도의 관점에서 바라보고 행동하기 때문이다.

도의 관점에서 만물을 바라본다는 것은 자기를 내세우는 것을 잊는다는 것을 의미한다. 자신을 잊는다忘我는 것은 '자기'만을 고집하는 일종의 고집과 자의식에서 벗어난다는 것이다. 모든 일에서 자기를 주장하지 않고 자신만이 중심이라고 생각하지 않는다면, 만물이 모두 나름의 가치를 가진 존재라는 것을 깨달을 수 있다. 이러한 깨달음을 장자는 '만물제동萬物齊同'이라 한다. 만물은 모두 다르지만 근원적인 도의 관점에서 모두 평등하다. 여기서 만물이 모두 같다는 것은 만물이 통일되어 있다거나 똑같이 규격화되었다는 의미가 아니다. 만물이 도의 관점에서 평등하다는 것은 각자의 개별성이 그대로 인정된다는 의미다. 만물은 서로 다르고, 그 차이 때문에 그리고 꼭 그 차이만큼 평등하다. 이런 세계에서 개체는 다른 존재에 자기를 억지로 끼워맞출 필요가 없이 개성을 가진 독자적인 개체로서 온전히 살아갈 수 있다. 남과 다르다는 이유로 차별받지 않기 때문이다.

이처럼 장자가 생각하는 온전한 삶, 행복한 삶은 일종의 자유로운 삶이지만 이 자유로운 삶은 동시에 타자들과 함께 공존하는 삶이기도 하다. 바로 이 점에서 서로 반대에 있는 것으로 보이는 공자와 만난다. 세계의 중심인 단독자로서 자기 고양을 통해 행복에 이르기보다는 중심을 잃지 않으면서도 타자와 공존하는 가운데 그 안에서 삶의 기쁨과 즐거움을 찾아야 한다는 것이다.

행복은 온전히 현재의 모습이다

사실 동서양의 철학자들은 그 나름의 전통에서 행복을 말했던 것뿐이고, 어쩌면 양쪽 모두 우리의 삶에서는 멀 수도 있다. 이성을 통해 수직적으로 상승하는 행복도, 타자와의 연대를 통해 수평적으로 확장하는 행복도 우리에게는 남의 일일지도 모른다. 우리에게는 우리의 조건이 있기 때문이다.

행복에 관한 다양한 조사와 통계를 바탕으로 생각해 볼 때, 우리 사회는 충분히 불행하다. 최근 OECD에서 조사한 '행복지수Better Life Index'에서 우리나라는 조사 대상 36개국 가운데 27위에 머물렀다. 또한 삼성경제연구소에서 올해 발표한 「대한민국 직장인의 행복을 말한다」 보고서에 따르면 직장인을 대상으로 실시한 행복지수는 100점 만점에 평균 55점에 불과하다.

지금 이 시대를 살아가는 우리는 왜 불행한가? 불행의 이유는 수십억 개가 존재하겠지만, 적어도 분명한 것은 우리에게는 만족과 평화보다 더 많은 양의 불안과 결여가 찾아온다는 것이다.

우리 사회는 늘 나에게 무엇이 더 필요한지를 가르쳐 준다. 부족한 항목은 점점 늘어갈 뿐이다. 새로운 상품과 서비스는 경제적 능력을 포함해 언제나 나의 능력을 초과한다. 많은 사람들이 부재나 결여를 채우려는 욕구가 역동적인 힘이 되어 세상을 움직인다고 생각한다. 욕구와 필요에 따라 새 기술이 개발되고 그 기술이 또 많은 사람들에게 이익으로 돌아간다고 생각하는 것이다. 그러나 그것이 정말 사실일까? 나의 욕구가 이 세상을 새로운 기술과 상품으로 채우는 것일까? 차라리 새로운 기술과 상품이 나의 욕구를 불러일으키는 것이 아닐까? 나를 욕구하게 함으로써 돈을 버는 이들이 있기 때문에 나는 욕망하는 기계가 되어가고 있는 것이 아닐까? 외부로부터 형성되고 자라나는 '욕구'들이 내 삶을 잡아먹는 것이 아닐까?

사실 우리의 행복을 결정하는 중요한 부분은 사회와 제도에 있다. 모든 것이 돈으로 돌아가는 이 자본주의 사회에서 제도가 개인의 행복의 의미를 결정하고 조정한다는 사실은 부정하기 어렵다. 그러나 분명한 것은 이 사회가 제시하는 행복의 의미에 동의하거나 동의하지 않는 것은 철저히 내가 결정할 문제라는 것이다. 그리고 이 사회가 행복의 기준으로 제시하는 조건이 나에게 실현되었을 때 실제로 행복을 느끼는가, 그렇지 않은가 역시 나의 문제일 뿐이다. 행복을 구성하고 인정하는 것은 사회나 제도가 아니라 결국 나의 문제라는 말이다. 그런 맥락에서 나 자신을 위해 행복에 대한 의미 있는 조언들을 듣고 또한 나의 상황과 태도를 반성해야 한다.

행복을 말하는 방식을 조금 바꾸는 것도 하나의 방법이 될 수 있다. 예를 들어 생각을 바꾸면 '시간'은 행복에 다가가는 하나의 통로가 될 수 있다. 우리는 보통 '미래'라는 말을 자주 사용하고 중요하게 생각한다. '미래'라고 하면 지금보다 더 나은 삶, 지금보다 더 풍요로운 삶을 기대하는 사람들이 많다. 우리에게 시간적인 미래는 단순히 시간이 양적으로 흘러가 도달하게 될 상태가 아니라 진보나 발전을 의미하기 때문이다. 미래를 희망적으로 느끼는 것은 진보나 발전이 기대되기 때문이고, 미래를 절망적으로 느낀다면 그것은 진보나 발전이 좌절되거나 혹은 현재보다 더 나빠질 것이라고 예상하기 때문이다. 다시 말해 우리가 미래를 기대하고 기다리는 이유는 발전과 진보 때문이라는 것이다.

그런데 과연 근대 이전 사람들도 그랬을까? 과거의 사람들도 미래를 생각하고 그 미래의 진보와 발전을 기대했을까? 설마 아니었을까 싶으면서도 분명하게 답하기 망설여진다. 결론부터 말하자면 아마 '아니다'가 맞을 것이다. 전통 사회에서 사람들은 미래를 진보와 발전으로 기대하지 않았다. 어떻게 사람이 내일 더 나아진다는 발전의 희망 없이 살아갈 수 있냐고 반문할 것이다. 이런 생각이 이상한 것은 아니지만 그것 역시 21세기를 살고 있는 우리의 생각일 뿐이다.

미래를 당겨쓰지 말 것

옛사람들은 미래가 더 나아진다거나 미래에 어떤 발전과 진보가 있을 것으로 기대하지 않았다. 대신 그들은 모든 것이 제자리로 돌아갈 것을 기대했다. 옛사람들의 삶이 녹록했을 거라는 생각은 들지 않는다. 개인이 노력해서 돌파하기에는 사회나 국가의 권위와 힘이 강력했을 것이다. 자연에 순응하며 살아간다 해도 온갖 재해들이 때때로 찾아왔을 것이다. 그러니 이들에게도 지금의 상태에서 벗어나야 한다는 의지나, 달라졌으면 좋겠다는 기대가 분명히 있었을 것이다. 그런데 그 방향이 우리와 달랐을 뿐이다.

현대에 사는 우리는 오직 미래의 더 나은 삶을 바라며 모든 삶의 기준을 미래에 맞춘다. 현대인에게 현재란 미래에 올 바람직한 삶이 아직 오지 않은 불완전한 상태에 불과하다. 많은 이들이 현재를 희생하며 미래에 삶의 목표를 두는 것 역시 진정한 삶은 미래에 있으며 현재는 그 미래를 위해 희생할 재료라고 여기기 때문이다. 현대인들에게 현재의 상태는 진짜가 아니다. 진정한 삶은 지금보다 나아질 미래에 있다고 여기기 때문이다. 어쩌면 현대인들은 미래를 현재로 당기기 위해 현재 내가 가진 시간과 돈, 관계 같은 삶의 자원들을 쓸어넣는지도 모른다.

그러나 옛사람들은 미래에 진정한 삶이 있다고 생각하지 않았다. 그들에게도 현재는 불안하고 고통스러웠겠지만, 대신 그 고통과 결여는 본래 존재했던 온전한 질서, 안정된 조화가 깨진 결과라고 생각했다. 이 세계는 신의 힘이건 우주의 원리건 이 세계의 질서를 만들고 운행하는 모종의 힘이나 원리에 의해 모든 것이 자기 자리를 얻고 살아가는 곳일 뿐이었다. 계절이 순환하는 것도 별이 제자리에 돌아오는 것도 사람들이 계급을 이루고 사는 것도 그런 우주적 조화와 질서의 구현에 불과했다. 이런 세계에 자연재해가 일어나고 인간관계에 충돌과 폭력이 발생하는 것은 이 질서가 깨졌기 때문이라고 생각했다. 다시 말해 모든 것이 제자리에서 자기 삶의 방식으로 돌아가던 그런 온전한 시대가 비뚤어져 현재의 무질서와 고통의 세계로 끌려 내려왔다고 생각했던 것이다.

모든 것이 알맞은 자리에 있으면서 아름다운 균형과 조화 속에서 공존할 수 있다고 믿는다면 본래 자기 삶의 밖에 있던 미래를 억지로 현재로 당길 필요가 없을 것이다. 미래를 진보라 믿으며 억지로 자기 삶에 끌어당길 필요가 없는 것이다. 그런 의미에서 옛사람들은 자기 자리에서 현재를 살았으며 현재에 충실했다고 할 수 있다. 미래의 성공을 위해 현재를 저당 잡히며 무리하게 일하지도, 자녀의 교육에 삶의 모든 자원을 쏟아 붓지 않았으니 말이다.

어쩌면 우리의 비극은 여기서부터 시작되는지도 모른다. 모든 것이 유동적이고 불안전하기 때문에 어떻게 해서든 안정적인 미래를 확보하기 위해 현재를 부정하고 현재에 만족할 수 없게 된 것 말이다. 행복을 미래에 도달할 어떤 상태로 설정하고 이를 위해 현재를 부정하는 것 말이다. 모든 것이 제자리로 돌아간다는 믿음은 더 이상 유효하지 않겠지만 적어도 미래를 현재로 억지로 끌어오려는 투자와 수고를 줄이는 것은 가능할지 모른다. 미래의 보상을 얻기 위해 현재를 포기하지는 않을 수 있기 때문이다. 그래서인지 경제적 능력과 관계없이 스스로 행복하다고 여기는 사람들은 대부분 어떤 이유에서건 행복을 미래에서 찾지 않는 경향이 있다.

예를 들어 유럽의 복지 국가 사람들을 보면 우리보다 훨씬 행복하게 보인다. 그것은 단지 우리보다 경제적으로 풍요롭기 때문만은 아닐 것이다. 단순히 복지 제도 차원으로만 돌릴 수 없는 여러 이유들로 그들은 우리보다 덜 긴장하고 덜 경쟁하며 그래서 스트레스를 덜 받는다. 다시 말해 더 많이 누려서가 아니라 생활방식이 우리보다 단순하고 경쟁이 덜하다는 것이다. 모든 것을 개인이 다 떠맡지 않기 때문에 남과 경쟁해야 한다는 강박관념에 시달리지 않고 그 때문에 불필요한 욕망에 시달릴 일도 적다. 다양성이 존중받는 사회에서 사는 사람들은 누가 나보다 더 많이 가졌는가, 누가 나보다 더 성공했는가를 매번 비교하는 감정 노동을 덜하니, 더 나은 미래를 위해 현재를 저당잡힐 필요가 없는 것이다.

이런 조건은 가난하지만 행복하게 사는 나라에도 성립한다. 많은 것을 누리는 우리의 눈에는 단조롭고 척박하게 보일 수 있지만 이들의 단순하고 남과 비교하지 않는 삶은 어쩌면 행복의 조건일 수도 있다. 그들은 적어도 삶을 유지하고 지속하기 위해 우리처럼 많은 스트레스를 받지 않는다. 자녀 교육을 위해 가족이 떨어져 사는 일도 없고, 펀드나 주식에 투자했다가 손실을 보지도 않을 것이며, 노후에 대비해 구입한 집값이 떨어졌다고 불안해하지는 않을 것이기 때문이다. 이들은 우리보다더 적게 누리지만 자신들에게 없는 것을 남과 비교해가며 욕심을 부리지 않는다. 행복한 이들은 행복이 현재가 아닌 미래에 있다고 믿으면서자기 밖에 있는 것을 얻기 위해 현재 내 삶의 에너지를 초과해서 사용하지 않을 것이다.

우리는 아리스토텔레스와 토마스 아퀴나스, 공자, 장자를 돌아 여기까지 왔다. 인간과 우주에 관해 심도 깊게 연구한 철학자들에게도 행복은 간단한 문제가 아니었다. 그러나 한 가지 분명한 것이 있다. 행복의조건과 의미는 구체적인 내 삶에서 비롯되는 것이며, 내 삶의 힘과 의미를 어디에 어떻게 배분하며 만족감을 느낄지는 나의 몫이라는 점이다.그리고 이 배분의 과정에서 타인과의 관계를 지울 때 그 행복이 얼마나작아지는지도 분명하다.

지금 만약 불행하다면 행복의 리스트와 행복에 도달하는 방법 모두를 반성할 필요가 있다. 나의 리스트에 타인이 빠져 있는 것은 아닌지,또 미래에 저당잡혀 시간을 당겨 쓰는 것은 아닌지 말이다. 또한 지금우리 사회가 불행하다면 그 이유도 같은 맥락에서 찾아야 할 것이다. 타인에게 무관심한 채 오로지 자신만의 성공을 위해 삶의 모든 자원을 쓰도록 만드는 사회라면 행복은 사전 속의 죽은 단어에 불과할 수도 있다. 책 속의 이론이 아니라 삶의 목표로서의 행복은 타인의 고통에 공감하며 성공을 향한 속도를 줄이고 자기의 시간을 타인과 나누기 시작할 때 조금 더 가까워지는 것일지도 모른다.

김선희 ────────────────────────

이화여대에서 철학을 공부하고 박사학위를 받았다. 수원대, 경희대, 이화여대 등에서 강의하고 있다. 『마테오 리치와 주희, 그리고 정약용』같은 연구서를 쓰는 한편 『철학이 나를 위로한다』, 『팝콘을 먹는 동안 일어나는 일』 같은 대중철학서를 썼다.

religion

종교

행복 혹은
불행의 씨앗,
종교

종교는 인간의 소통에 양가적으로 작용한다.
때로 종교는 다른 이들과의 만남에 걸림돌이 된다.
그러나 우리가 만약 종교의 깊은 차원에서 삶의 통찰을 발견하고,
통찰을 소통의 밑거름으로 삼는다면
종교는 더없이 긍정적인 역할을 할 수 있다.
_본문 중에서

인간은 얼마나 같고, 또 얼마나 다를까? 그리고 서로 다른 세계관을 가진 인간들은 어떻게 타인의 마음에 가닿을 수 있을까? 특히 종교의 영역에서 이 문제는 어떻게 해결될 수 있을까? 이런 물음은 타인의 종교에 대한 지적 호기심을 넘어서, 사람과 사람 사이의 소통에도 반드시 필요하다. 종교가 인간들의 소통에 실제로 지대한 영향을 미친다는 점을 직접 보여주는 흥미로운 조사들이 있다. 미혼 남녀를 대상으로 배우자 선택에 관해 물어본 조사가 바로 그것이다. 그 결과를 자세하게 살펴보자.

첫 번째 사례로 결혼정보회사 '가연'이 지난 2010년 미혼남녀 732명을 대상으로 배우자 선택 시 기피하고 싶은 사항을 물었다. '연애 상대로는 되지만 배우자로서는 안 되는 조건들이 있는가?'라는 물음에 남성의 88%와 여성의 97%가 '있다'라고 했고, '기피사항은 무엇인가?'라는 질문에 응답자 중 남성 41%와 여성 50%가 '특정 종교'라고 답했다. 그 뒤를 이어 남성들은 '자취의 유무(부모님과 동거)'(32%), '부모님 또는 본인 연고지'(16%), '특정 혈액형'(9%), '기타'(2%)의 순으로 답했고, 여성들은 '부모님 또는 본인 연고지'(21%), '자취의 유무(부모님과 동거)'(18%), '특정 혈액형'(10%), '기타'(1%)의 순으로 응답했다. 기타 답변에는 슬프지만

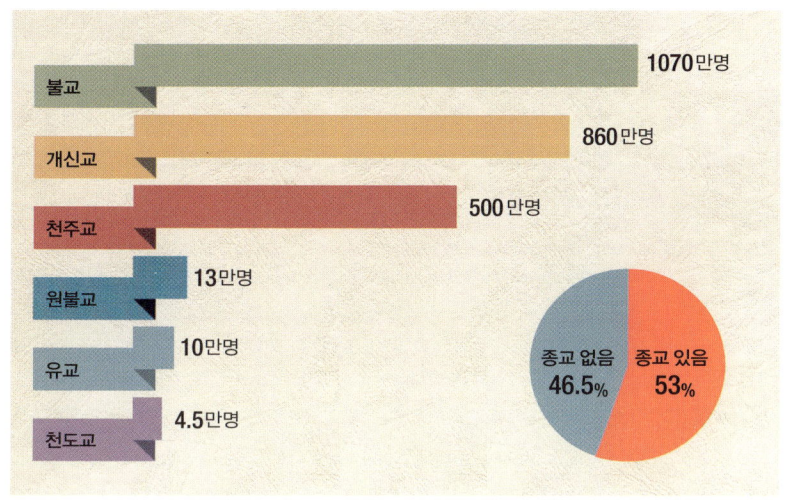

불교   1070만명

개신교   860만명

천주교   500만명

원불교   13만명

유교   10만명

천도교   4.5만명

종교 없음 46.5%   종교 있음 53%

한국의 종교 현황(문화관광부, 2011년)

'머리숱의 많고 적음'을 필두로, '특정지역 유학 경험 유무' 등이 있었다.
배우자 선택의 으뜸가는 기피사항으로 뜻밖에도 종교가 꼽힌 것이다.

두 번째 사례는 결혼정보회사 '비에나래'가 2010년에 미혼 남녀 515
명(남성 268명, 여성 247명)을 대상으로 실시한 '동성동본과의 결혼 가능성
및 주요 종교별 신도들의 배우자 종교관'에 관한 조사이다. 조사 결과
미혼 남녀는 일반적인 예상과 달리 배우자가 될 사람의 종교에 신경을
많이 쓰고 있었다. 예컨대 배우자가 '자신의 종교와 같거나 무교無敎'이기
를 바라는 기독교인의 비율이 79.3%로 천주교(36.2%)나 불교(29.6%) 신
도를 압도했다. 즉, 기독교인들은 자신과 다른 종교를 가진 배우자를 택
하기를 매우 꺼려하는 것으로 나타났다. 다른 한편 불교신도(32.7%)나
천주교도(16.0%), 무교인(8.0%)들이 기독교 배경을 갖는 배우자를 기피

하는 현상도 두드러졌다. 반면 '결혼 상대가 무슨 종교든 상관없다'고 답한 비중은 천주교 47.8%, 불교 37.7%, 무교 77.2%로 나타났다. 이 조사는 미혼 남녀가 배우자를 선택할 때에 종교를 그저 중요한 요인으로 여기는 데 그치지 않고, 구체적으로 선호하거나 기피하는 종교가 있다는 점을 분명하게 보여주고 있다.

결혼의 중요한 변수, 종교

이 조사들의 의미는 무엇일까? 무엇보다 미혼 남녀들은 종교를 결혼의 중요한 변수로 받아들이고 있었다. 종교가 인간관계 전반에 영향을 미치며, 특히 부부처럼 그 관계가 전면적인 경우에는 더욱 큰 영향력을 발휘한다는 점이 조사를 통해 실제로 확인된 것이다. 그런데 일견 단순해 보이는 이 질문은 뜻밖에도 다음과 같은 많은 물음들을 품고 있다.

가장 먼저 생기는 궁금증은 아직 미혼인 젊은이들이 종교가 결혼을 좌우하는 가장 큰 변수라는 사실을 어떻게 알았을까 하는 점이다. 아마도 이런저런 경로로 듣거나, 가족을 비롯해 주변 사람들의 사례를 직접 목격해 알게 되었을 공산이 크다. 가족구성원들조차 종교로 인해 갈등을 겪는다는 건 이미 잘 알려져 있는 사실이다. 그러기에 성공적인 결혼을 꿈꾸는 젊은이들에게 종교는 반드시 고려해야 할 항목으로 부각되었을 것이다. 나아가 미혼 남녀들의 이런 인식은 종교의 평화적인 공존을 자랑해 왔던 우리에게는 사뭇 충격적이다. 단지 종교를 이유로 상대방을 배우자 후보에서 제외시키려는 미혼 남녀의 비율이 조사 대상자의 50%에 육박했고, 선호 및 기피 대상도 구체적이었던 것이다. 게다가 이런 조사가 있기 전에는 '종교'가 배우자 기피 요건의 수위를 차지하고 있다는 사실이 우리에게 전혀 알려지지 않았다는 점도 놀랍다. 이는 통념과 달리 우리 사회에 종교적 갈등이 인간관계에 심대한 지장을 주고 있으며, 이런 심각성과 폐해를 미혼 남녀들이 어떤 방식으로든 잘 알고 있다는 것을 의미했기 때문이다.

미혼 남녀들의 답변은 실제 경험에서 비롯되었을 가능성이 매우 크다. 즉 사랑에 빠져 있을 때에는 그리 큰 문제가 안 되지만, 결혼생활이 안정기에 접어들면 종교는 부부의 관계에 지대한 영향을 미친다는 사실을 직접 듣거나 보아서 알게 되었을 것이다. 그래서 결혼 전에도 배우자를 선택할 때 상대의 종교를 적극적으로 고려하겠다고 분명하게 밝힌 것이다. 상황이 이러하다면 도대체 종교가 무엇이건대 남녀간의 강렬한 사랑마저도 잊게 만드는지 궁금할 수밖에 없다. 사랑에 빠져 평생을 함께하기로 결심한 사람들마저도 종교로 인해 멀어진다는 점은 언뜻 들어선 이해하기 힘들기 때문이다. 종교는 어떻게 결혼한 사람들은 물론이거니와, 결혼을 꿈꾸는 사람들마저도 조심해야 할 중요한 변수로 부각된 것일까?

나아가 종교가 초래하는 이런 어려움은 어떻게 극복될 수 있을까? 다시 말해 종교가 소통의 걸림돌로 작용하는 문제를 해결할 방법이 있을까? 결국 이 문제는 결국 종교적 세계관의 차이에도 불구하고, 부부를 포함해 서로 다른 사람들이 어떻게 소통하며 공존할 수 있는가라는 질문으로 귀착된다. 더구나 여러 종교가 공존하고 있는 우리나라에서는 이런 의문은 더욱 중요해질 수밖에 없다. 이 대목에서 '종교'의 의미를 꼼꼼하게 되짚어봄으로써 앞서 제기한 여러 질문들의 답을 찾아보자.

성 바르톨로메오 축일의 학살
프랑수아즈 드 부아 | 스위스 로잔 미술관

16세기 유럽은 신교와 구교의 대립이 극심하자 평화를 위해
신교 앙리 드 나바르(앙리 4세)와
프랑스 국왕 샤를 9세의 여동생 마르그리트 공주를 결혼시키려 했다.
그러나 구교도들의 신교도 대학살로 피의 결혼식이 되었다.

종교란 무엇인가?

우리가 흔히 사용하는 '종교' 개념은 들여다볼수록 그 의미가 모호해진다. 사용하는 사람이나 상황에 따라 쓰임새가 현격하게 달라지기 때문이다. '종교宗教'라는 단어는 일본인들이 서양의 'religion'을 번역할 때 불교에서 이미 사용되던 단어를 선택한 것이다. 원래는 불교가 자신을 '으뜸 되는 가르침'으로 지칭하기 위해 만든 용어였는데, 차용 과정을 거쳐 여러 종교 전통을 총칭하는 개념으로 발전한 것이다.

'religion'의 어원에는 여러 설이 있는데, 그중에는 라틴어 're-ligare(again+bind)'에서 유래했다는 견해가 있다. 종교란 인간을 신이나 형이상학적 차원 등에 재결합하는 것과 관련된다는 것이다. 우연의 일치일까? 우리에게 널리 알려져 있는 인도의 '요가yoga' 역시 '묶는다binding'라는 의미를 지닌 산스크리트어 'yuj'에서 온 말이다. 그러니 요가라는 단어도 인간 영혼을 그것이 본래 유래한 신적 세계와 결합시키려는 일련의 시도들을 의미한다. 그 점에서 종교는 어원상으로 동서양을 넘나드는 동질성을 보여주기도 한다. 하지만 여러 종교 전통에 종교 개념을 적용하는 일은 그리 쉽지 않다. 우리는 으레 불교, 유교, 힌두교, 기독교 등을 일컬어 종교라고 부르지만 상황은 보기보다 복잡하다. 서양인들은 인격적이며 초월적인 '신神' 개념을 종교의 불가결한 요소라 여겼다. 반면 불교도들은 '연기緣起說'이나 '공空'과 같은 비실체론적 개념에 입각해, 동서양의 유신론적 종교 이해를 반박한다. 물론 이런 불교도 현실을 강조하는 유교학자들에 의해, 개인의 종교 체험에 경도되어 있는 삿된 가르침이라 비판받기도 했다. 이렇게 본다면 우리가 흔히 사용하는 종교라는 개념은 여전히 모호할 수밖에 없다. 하지만 문제는 여기에서 끝나지 않는다.

유신론적 전통으로 간주되는 유대교, 기독교, 이슬람교는 각자 자신의 종교만이 유일신의 뜻을 가장 참되게 구현하는 올바른 종교라 주장하면서 격렬하게 갈등해 왔다. 한발 더 나아가 그 종교 전통 모두는 오랫동안 '정통'orthodoxy 대 '이단heresy', 혹은 '참된 가르침' 대 '사이비似而非'로 나뉘어 내부에서 치열한 갈등을 겪어 왔다. 예컨대 기독교는 종교개혁을 계기로 가톨릭과 개신교로 분리되었고, 개신교는 오늘날에 이르러 수를 헤아리기 힘들 정도로 많은 종파나 교회로 계속 분리되고 있다. 이슬람의 역사도 이와 크게 다르지 않다. 물론 동양의 종교들도 이 문제에서 완전하게 자유롭지 않다. 결국 문제의 중심에는 '누가, 무엇을, 왜' 참된 종교라고 규정하는가라는 물음이 자리한다. 하지만 잘 알려져 있듯 종교사에서 이 질문이 속 시원하게 대답된 적은 없었다.

현대에 이르러 상황은 한층 더 복잡해졌다. 서구에서 발흥해 맹위를 떨치고 있는 유물론적 세계관은 아예 종교를 허구로 여긴다. 천국, 지옥, 신, 천사 등이 속한다는 눈에 보이지 않는 차원은 위안을 찾는 인간이 소망한 것에 불과하다는 것이다. 즉 종교는 합리적으로 입증할 수 없는 주관적인 신념들이나 망상에 뿌리를 두고 있다는 주장이다. 이런 비판에 힘을 실어주듯 근대 서양 역사는 과학적 세계관의 본격적인 등장과 더불어 종교가 자신의 영향력을 상실해 온 과정에 다름 아니었다. 요컨대 독일의 사회학자 막스 베버Max Weber는 서구의 세속화 과정을 보고 "주술에서 풀려났다disenchanted."라고까지 선언했다. 이와 비슷하게 정신분석학의 창시자인 프로이트는 종교란 인류의 '집단적 신경증neurosis'이

스웨덴의 구스타브 2세가 전사한 뤼첸 전투

칼 왈봄 | 1855년

종교가 소통의 걸림돌이 되었던 대표적인 사례인 30년 전쟁의 한 장면.
1618년부터 1648년까지 독일을 무대로 신교(프로테스탄트)와
구교(가톨릭)는 무려 30년 동안 전쟁을 했다.

자 환상이며, 종교 의례는 신경증 환자의 강박 행위에 불과하다고 비판했다.

이처럼 종교가 다양하게 정의될 수 있기에 모두가 공감하는 종교 정의란 애초에 불가능하다. 종교에서 파생된 '종교적religious'이라는 단어 역시 모호하기는 마찬가지다. 어떤 사람이나 현상을 '종교적'이라 일컬을 경우, 그 의미는 종교 개념의 다의성으로 인해 부정확하기 십상이다. 하지만 이런 모호함에도 불구하고 논의를 위해서는 최소한의 정의가 필요하다. 미국의 심리학자이자 철학자였던 윌리엄 제임스William James는 "눈에 보이지 않는 세계와 개인이 맺는 관계"라는 나름 명쾌한 종교 정의를 제시했다. 그는 종교가 눈에 보이는 세계에 사는 인간이 "보이지 않는 세계"와 관계를 맺고, 이 관계 속에서 현실적 삶의 의미와 목적을 찾아내는 행위와 관련된다고 보았다. 제임스의 종교 정의에 입각할 경우 종교는 인간이 자신을 비롯한 다른 인간들, 그리고 몸담고 있는 현상 세계를 어떻게 이해하는가라는 이른바 '세계관'의 문제와 본격적으로 연결된다.

종교라는 프리즘을 통해 바라본 세계

인간은 자신의 세계관에 입각해 세계를 인식하고 해석하며 행동한다. 그리고 종교는 삶과 죽음을 비롯해 현상 세계의 의미를 제시하므로 종교인의 세계관에서 핵심을 차지한다. 즉 종교는 죽음과 내세와 같은 확증될 수 없는 질문들에 권위 있는 해답을 주기 때문에 종교인들의 사고와 행동에 더더욱 큰 영향을 미치게 된다. 예컨대 천국, 심판, 원죄와 같은 교리를 수용하는 기독교인이 죄를 짓지 않고 천국에 가려고 노력하는 것은 자신의 세계관에 비추어볼 때 당연하다. 반면 원죄原罪를 받아들이지 않는 불교인은 불교적 가르침에 따라 선업을 쌓고 수행을 거듭해, 윤회의 사슬을 끊으려 시도할 것이다. 결국 기독교인과 불교인의 행동 차이는 그들이 믿는 종교적 세계관에서 비롯된다.

종교는 이처럼 죽음과 삶, 존재의 궁극적 의미와 같은 쉽게 답하기 어려운 질문들에 대해 해답을 준다. 그러니 그것을 받아들이는 개인은 물론이거니와, 그 사람의 주변인들에게도 지대한 영향을 미친다. 예컨대 육체적 죽음 이후에야 비로소 참된 삶이 전개된다고 굳건하게 믿는 여성과, 인간이란 그저 물질의 우연적인 결합에 불과하기 때문에 육체적 죽음이 종말이라고 주장하는 남성이 평생을 아무런 충돌 없이 살아가기란 쉽지 않을 것이다. 아울러 자신의 종교가 '그릇된 가르침'으로 선언하고 있는 종교를 가진 사람과 부부로 오랜 시간 문제없이 살아간다는 것 역시 상상하기 어렵다. 앞서 살펴본 미혼 남녀들은 그 점에서 지혜롭다. 사랑이 식어버린 부부에게는 여러 가지가 두 사람의 소통을 가로막을 수 있지만, 그중에서도 세계관의 핵심인 종교가 가장 치명적인 걸림돌이 될 수 있다는 점을 잘 인식하고 있기 때문이다.

게다가 삶, 죽음, 사후세계 등에 대한 종교적 답변은 그 진위를 입증하기 어려운 탓에 종교를 둘러싼 갈등은 더욱 극렬해지기 쉽다. 바꾸어 말하자면 사후에 천국에 간다거나, 깨달음 없이는 윤회를 피할 길이 없다는 등의 종교적 주장을 모두가 납득하는 방식으로 입증한다는 것은 불가능에 가깝다. 그러므로 종교적 교리의 진리성은 입증 가능성이 아닌 믿음의 영역에 속하게 된다. 천국과 지옥, 영혼의 사후 존속, 윤회 등의 종교적 교리들이 모두 여기에 해당한다. 그러니 종교적 교리가 진리인가는 선택과 믿음의 문제가 된다. 특정 교리의 진실성은 그 종교의 경전이나 전통적 가르침을 받아들이는가의 여부에 의해 결정되기 때문이다. 예컨대 성경이 불교의 윤회론을 진리라 증언할 리 만무하다. 물론 그 반대의 경우도 마찬가지다.

그런데 한 사회에 지배적인 종교가 하나라면 그리 큰 문제가 없다. 종교의 절대적 진리 주장이 충돌하지 않기 때문이다. 그러나 종교들이 서로 조우하면 문제가 발생한다. 불교는 깨달음을 모든 인간이 추구해야 할 궁극적 목표로 제시한다. 반면에 기독교에서는 원죄, 구원, 천국 등이 종교 생활의 주된 목적이다. 한발 더 나아가 유일신교 전통인 이슬람교, 기독교, 유대교 사이의 차이는 더욱 당혹스럽다. 유일신을 기반으로 하고 아브라함을 공통의 조상으로 삼는 세 종교가 교리 문제를 비롯해 여러 가지 이유로 숱한 갈등을 겪어 왔다는 사실은 우리를 혼란스럽게 만든다.

현상계 너머의 절대와 영원을 지향하는 종교는 서로 만날 때 소통의 어려움을 여실히 드러낸다. 인류 역사에서 발생했던 갈등 중에 종교적 갈등만큼 격렬한 것이 있었던가. 이교異敎와 배교背敎, 정통과 이단의 이름으로 벌어졌던 숱한 갈등과 폭력은 종교가 없어져야만 평화가 달성되리라는 주장을 오히려 설득력 있게 만든다. 그럼에도 불구하고 종교는 그 힘을 잃지 않았다. 미국 여론조사기관인 '퓨 리서치센터The Pew Research Center'의 2010년 보고서에 따르면, 전 세계 인구 중 80%가 여전히 종교인이다. 그러니 막스 베버의 예언과 달리 근대가 종교적 주술에서 완벽하게 깨어난 적은 없었고, 가장 세속화된 현대에 들어와서도 인류의 대부분은 종교에서 큰 심리적 위안을 받고 있다. 물론 종교가 갈등의 가장 큰 원인이 되고 있다는 점은 변하지 않았지만 말이다.

요컨대 세계관의 핵심을 차지하는 종교는 세계관이라는 프리즘을 통해 인간관계와 소통에 지대한 영향을 끼친다. 한편으로는 사랑과 자비와 같은 종교적 가치는 타인과의 소통을 촉진시켜 인간관계를 행복의 원천으로 만들기도 한다. 그러나 동시에 종교는 인간의 차이를 증폭해 소통을 원천적으로 가로막기도 한다. 종교의 다름은 세계관을 통해 사고와 행동의 차이를 만들어내기에 소통을 가로막는 가장 큰 걸림돌이 될 수 있기 때문이다. 종교가 삶과 죽음의 의미와 같은 궁극적 물음에 답을 주는 데다, 그 답들이 믿음의 영역에 속하므로 상황은 더욱 복잡해진다. 어쨌든 종교를 주된 기피 요인으로 꼽은 미혼 남녀들은 이러한 종교의 양면성을 잘 알고 있음에 분명하다. 그렇다면 종교는 어떻게 인간 사이의 소통을 활성화시켜 갈등과 긴장이 아닌, 개인과 공동체의 행복을 구현하는 원천이 될 수 있을까? 이것이 우리가 답해야 하는 질문이다.

종교는 어떻게 소통과 공존의 기반이 될까?

종교와 소통의 관계를 '표층表層 종교'와 '심층深層 종교'라는 조금은 낯설어 보이는 개념에 입각해 되짚어보기로 하자. '표층/심층' 개념은 개인의 종교 생활이 시간이 지날수록 발달해 나간다는 전제에서 출발한다. 다시 말해 종교 생활은 표층적 차원에서 시작되어 좀 더 깊은 심층적 차원으로 발전해 나간다. 개략적으로 설명하자면 표층적 종교는 물질적 풍요나 건강과 같은 개인적인 복락을 주된 목표로 삼는다. 반면 심층적 종교는 내면의 깨달음과 같은 종교적 통찰과 지혜의 획득을 종교 생활의 목적으로 제시한다. 그리고 이러한 주장은 종교인들 역시 모두가 독특성을 지닌 개인으로서 끊임없는 변화와 발전을 겪는다는 '발달 심리학developmental psychology'의 통찰과도 부합한다. 다시 말해 인간은 정신적·육체적으로도 성장하는 존재이며, 동시에 종교인이라면 개인의 종교 생활 역시 심신의 성장에 부응해 변화하면서 발전해 간다는 것이다.

성경의 다음 구절은 종교적 발달 개념을 명확하게 포착하고 있다. "내가 어렸을 때에는 말하는 것이 어린 아이와 같고 깨닫는 것이 어린 아이와 같고 생각하는 것이 어린 아이와 같다가, 장성한 사람이 되어서는 어린 아이의 일을 버렸노라(고린도전서 13:11)"는 구절이 바로 그것이다. 이 문장은 인간이 자라면서 사고와 행동이 깊어지는 것처럼, 종교 생활도 발전해 나간다는 의미를 함축하고 있다. 동시에 종교 생활의 발달은 경전의 심화된 이해와도 직결된다. 즉 표층 종교는 경전을 문자 그대로 진실이라 받아들이는 문자주의文字主義를 벗어나지 못하는 반면, 심층 종교는 경전의 상징적 의미와 다양한 해석 가능성을 강조한다. 그래서 심층 종교인들은 자신의 종교만이 절대적으로 옳다는 문자주의적 태도를 버리고, 경전의 이해가 개인의 경험이 쌓일수록 깊어지고 확장된다는 유연한 태도를 취하게 된다.

한편 고린도전서의 구절은 어린아이와 성인 사이에 존재하는 사춘기라는 중요한 발달 과정을 전제하고 있다. 청소년은 사춘기의 혼란과 고통을 직접 경험하고 나서야 비로소 어엿한 성인으로 자라난다. 이와 유사하게 표층에서 심층으로 발달해 나가는 종교 생활 역시 '종교적 사춘기'를 거친다. 사춘기의 비유를 통해 종교 생활의 발달을 더 자세히 살펴보자.

첫째, 사춘기는 무엇보다 자연스러운 발달의 단계이다. 우리는 사춘기를 통해 성인으로 변화하며, 그 과정에서 더 통합적인 관점을 갖추고 세상을 큰 틀에서 이해하게 된다. 가깝게는 '성性'의 차이를 비롯해 나와 타인들 간의 차이를 분명하게 인식한다. 이러한 다름에 대한 인식은 독립된 인격체로서의 '나'라는 정체성을 키워 줄 뿐만 아니라, 타인과 관계를 맺고 더불어 살아가는 지혜를 획득하는 기반이 된다. 종교 생활의 발달 역시 그러하다. 표층적 차원에서 심층적 차원으로 변화하는 것은 마치 사춘기처럼 자연스러운 발달과정이다. 우리 모두는 마음의 평안과 개인적 위로를 얻겠다는 표층적 차원에서 종교 생활을 시작하지만, 시간이 흐를수록 종교의 창시자들이 공통적으로 강조한 이타적이고 윤리적인 삶을 지향하는 심층적인 차원에 도달한다. 아울러 종교의 심층 차원을 발견할수록 개체성을 넘어선 근원적인 보편성에 눈을 뜨게 된다.

둘째, 사춘기는 급격한 변화에 따른 혼란과 고통을 필연적으로 수반한다. 자신의 세계관이 붕괴되고, 나와 다른 타인과의 관계 속에서 나만의 정체성을 확립하는 일은 결코 쉽지 않은 일이다. 그러므로 사춘기를 미리 겪은 어른들의 이해와 배려는 청소년들이 이 시기를 큰 혼란 없이 잘 통과할 수 있게 만든다. 즉 경험에서 우러나는 지혜와 사려 깊은 배려는 혼돈의 시기를 슬기롭게 헤쳐 나가도록 도와준다. 종교 생활의 발달 역시 이와 다르지 않다. 익숙했던 표층적 종교 이해가 붕괴되는 것은 종교인들에게 심리적 혼란을 불러일으킨다. 또 경전, 의례, 종교적 상징 등을 더 깊게 이해하고, 새롭게 획득된 종교적 통찰을 개인의 삶에 적용시킨다는 것이 마냥 쉽게 이루어질 수만은 없다. 혼란의 시기에 종교 전통이 축적한 경험적 지혜는 개인의 변화 과정을 순조롭게 만들어 준다.

셋째, 우리 모두는 사춘기를 직접 겪음으로써 삶의 지혜를 체득한다. 사춘기에 대한 이론적 지식이 아무리 많더라도, 이것이 경험적인 앎을 대체할 수 없다. 아울러 그 누구도 타인의 사춘기를 억지로 막을 수 없다. 종교 생활도 이와 유사하다. 표층에서 심층으로 발달해 나가는 과정에서 우리 모두는 종교적 사춘기를 직접 경험해야만 한다. 종교 지도자와 주변 사람들의 경험에서 우러난 조언이 도움이 되겠지만, 변화와 발달의 주체는 어디까지나 개인이다. 그리고 개인적인 발달 과정은 비록 지연될 수는 있어도, 강압적으로 막아질 수는 없다. 만약 제도 종교가 교리 등을 앞세워 종교의 심층을 탐구하려는 개인의 노력을 가로막을 때, 신도들은 좌절하거나 심한 경우 반감을 품고 그 종교를 떠나기도 한다. 현대에 이르러 많은 사람들이 변화와 발달을 포용하지 못하는 종교에 실망하는 이유가 바로 여기에 있다.

요컨대 종교 생활의 발달은 사춘기의 경험과 매우 흡사하다. 마치 사춘기처럼 종교 생활 역시 표층에서 심층으로 자연스럽게 발전해 나가야 한다. 또 사춘기를 경험한 후에는 더 이상 어린 아이처럼 생각하고 행동할 수 없듯이, 종교의 심층을 발견한 후에는 표층적인 종교에 만족하기 힘들어진다. 달리 표현하자면 발달이란 '오늘의 나'와 '내일의 나'가 같을 수 없다는 사실을 실감하는 것이다. 그런데 사춘기와 두드러지게 다른 점 하나가 반드시 지적되어야 한다. 보통 사춘기는 일생 한 번만 경험하지만, 표층 종교에서 심층 종교로 발달해 나가는 종교적 사춘기는 실제로 끝없는 과정이다. 마치 학문의 세계에서 '더 나은 이해'는 가능해도 '최종적 이해'란 불가능한 것과 같다. 그 점에서 참된 발달과정을 밟아간다면 오늘의 심층은 내일의 표층이 될 수밖에 없다.

결국 현대 사회에서 종교가 문제의 해결책이 아닌, 문제의 원인으로 부각되는 이유는 종교의 표층과 심층이라는 렌즈를 통해 더 잘 이해될 수 있다. 대부분의 종교 갈등은 실제로 각 종교의 표층적 차원에서 기인할 가능성이 크다. 또한 한 종교 전통 내부의 갖가지 종교적 긴장 역시 표층/심층 차원 간의 충돌일 수 있다. 그 점에서 현대에 이르러 종교가 문제의 원인으로 지목받는 것은 실상 표층적 종교가 만들어낸 폐해가 종교 전체의 문제로 비화된 탓이리라. 똑같은 종교 전통에 속해 있다 해도 심층 종교인은 사랑과 자비와 같은 이타적 덕목을 강조하는데 반해, 표층적 차원에 머무르고 있는 사람들은 독선적 태도에 입각해 개인적 이익을 종교의 주된 목적으로 제시하기 때문이다. 그래서 표층 종교는 타인과의 소통을 가로막지만, 심층 종교는 사람들 사이에 존재하는 '섬'에 가 닿게 만든다. 심지어 자신과 다른 종교를 믿는 사람들에게까지도 말이다.

'절대'와 '영원'을 희구希求하는 종교는 그 특성상 종교인들에게 자칫 절대의 차원에 자신이 이미 맞닿아 있다는 확신을 불어넣기 십상이다. 그리고 절대적 진리를 파지把持했다는 자기 확신은 종교인에게 겸허한 자세로 변화와 발달을 추구하지 못하도록 만든다. 결국 표층 종교의 특징인 자기 확신이야말로 종교 생활의 발달에 정면으로 배치될 뿐만 아니라, 타인과의 진정한 소통을 불가능하게 만드는 주된 원인으로 등장한다.

종교의 심층에 어떻게 도달할까?

표층 종교와 심층 종교의 결정적인 차이는 변화의 가능성을 수용하는가의 여부다. 표층 종교는 인간과 존재 전체에 대한 더 깊은 통찰을 목적으로 삼지 않는다. 그 대신 절대적 진리를 이미 알고 있다는 확신이 등장한다. 반면 심층 종교는 마치 양파의 껍질을 벗겨 나가듯이, 진리의 속살이 끝없이 우리에게 드러나리라 믿는다. 그리고 변화 가능성을 수용하는 태도는 자연스럽게 겸손의 자세로 이어진다. 기존의 세계관이 무너지고 새로운 앎을 부여하는 '종교적 사춘기'가 끝없이 이어진다면, 어느 누가 모든 것을 이미 알고 있다고 단언할 수 있을까? 이런 태도를 취할 때 종교는 비로소 무한과 영원에 다가서려는 인간의 끝없는 몸짓이 되며, 무한한 '거듭남'이 가능하다는 사실은 불안이 아닌 발전과 기쁨의 씨앗이 된다. 이제 우리의 무지와 미숙함은 불완전함이 아니라, 새로운 앎과 성숙의 상징으로서 환영받을 만한 것이 된다.

그리고 변화를 수용하는 겸손은 타인과의 인간관계를 변모시킨다. 타인과의 소통을 가로막는 주된 걸림돌은 내가 남보다 더 낫다는 우월감이고, 이는 현재의 나를 확신하는 데에서 비롯할 가능성이 크다. 우월감 중에서도 제일 위험한 것은 아마도 종교적 우월감이리라. 자신이 절대적인 진리를 가졌다고 느끼는 사람은 타인에게 큰 우월감을 느끼기 십상이다. 종교사가 보여주듯 종교적 우월감은 자신의 종교를 확신에 차서 타인에게 강요하게 만들고, 만약 뜻이 관철되지 않으면 이른바 '정의로운' 분노를 표출하는 태도로 이어지기 쉽다. 이런 상황에서 타인과의 진심어린 소통이 불가능하리라는 점은 불을 보듯 자명하다. 그러니 표층 종교의 독선적 태도는 소통을 가로막는 주된 원인이 될 수밖에 없다.

덧붙여 소통을 가로막는 또 다른 요인은 타인에 대한 관심과 애정의 결핍이다. 즉 타인에게 무관심하다면 참된 의미의 소통이란 있기 어렵다. 그런데 대부분의 종교는 사랑, 자비, 어짊과 같은 타인에 대한 배려를 으뜸가는 덕목으로 제시한다. 심층 종교는 더더욱 그러하다. 심층 종교인은 다름을 뛰어넘는 보편성에 대한 감수성을 체득하게 되므로 타인에 대한 진정한 애정과 관심을 품게 된다. 예컨대 동학東學은 '인간이 곧 한울님人乃天'이므로, 타인을 '하늘과 같이 섬기기事人如天'를 강조했다. 예수 역시 원수마저도 사랑하라고 하지 않았던가. 이처럼 종교가 강조하는 사랑은 결국 겸손과 타인에 대한 열림의 자세로 이어지기 때문에 인간 사이의 진정한 소통을 돕는다. 결국 인간의 소통을 단절시키는 것은 종교 그 자체라기보다는 표층에 머무르는 종교인 셈이며, 심층으로 깊어진 종교는 오히려 진정한 소통과 만남을 가능하게 만드는 원천이 된다.

그렇다면 우리는 어떻게 심층 종교인이 될 수 있을까? 이 질문의 답은 의외로 명확하다. 모든 인간이 적절한 시점에 맞추어 변화한다는 발달심리학의 통찰을 적용하면, 모든 사람에게는 각자의 성장과정에 걸맞은 종교 생활의 발전이 있을 뿐이라는 결론이 도출된다. 즉 개인의 발달 과정과 무관하게 심층 종교로 발달하는 것은 가능하지도 바람직하지도 않다. 심신이 준비되었을 때 사춘기가 찾아오듯이, 종교 생활도 적절한 시기에 자연스레 심층적 차원으로 깊어간다. 예컨대 어린이의 신, 인간, 세계에 대한 이해가 성인의 그것과는 다를 수밖에 없는 중요한 이유는 어린이의 지적 발달이 종교적 진리를 충분히 이해할 수 없는 수준에 있

종교의 소통과 화합을 그린
독립 영화 〈할〉(2010년·윤용진 감독)의 한 장면

기 때문이다. 반대로 성인의 종교 교리에 대한 이해가 마치 초등학생의 그것에 머물러 있는 것 역시 불가능하다. 단계를 뛰어넘는 인위적인 발달도, 그리고 개인의 발달을 억지로 지연시키는 일도 불가능하며 바람직하지도 않다. 그러니 심층 종교로의 발달은 어디까지나 개인의 성장 과정에 부응해 자연스럽게 이루어져야 한다.

이를 가능하게 만들기 위해서는 몇 가지 전제 조건이 충족되어야 한다. 종교 생활은 변화가 없어야 한다는 인식이 우선적으로 지양되어야 한다. 변화를 허락하지 않는 완결적인 교리 이해나 믿음이 바람직한 종교 생활의 증표일 수는 없다. 다시 말해 시간의 흐름에 맞추어 교리적 이해를 포함한 종교 생활의 전반이 부단하게 변화하고 발전하는 게 당연하며 자연스럽다는 점이 명확하게 인식되어야 한다. 동시에 종교 생활의 발달은 종교인 개인의 발달과정과 부합해야 한다. 앞서 강조한 것처럼 발달을 특정 시점에 국한시키려는 태도나, 단계를 뛰어넘어 과도한 발달을 추구하는 것은 바람직하지 않다. 특히 제도 종교가 강압적으로 개인의 자연스러운 발달을 가로막거나, 혹은 적절한 발달단계를 겪지 않고 건너뛰는 것을 장려하는 태도는 모두에게 위험하고 불행한 일이 될 수밖에 없다. 이 과정에서 경험 많은 어른들이 사춘기 청소년을 도와주듯, 종교 전통은 변화를 겪는 신도들에게 발달의 방향을 분명하게 제시해 줌으로써 정서적 버팀목의 역할을 담당해야 한다.

요컨대 종교는 인간의 소통에 양가적으로 작용한다. 자기 확신에 뿌리내린 표층적인 종교는 인간들 사이의 만남에 분명한 걸림돌이 된다. 그러나 우리가 만약 종교의 깊은 차원에서 삶의 통찰을 발견하고, 그 통찰을 소통의 밑거름으로 삼는다면 종교는 더없이 긍정적인 역할을 할 수 있다. 이 점에서 종교는 양날의 칼이다. 표층적 종교는 인간관계를 깨뜨리고, 심층적 종교는 관계를 회복해 행복의 원천이 된다. 그러기에 종교 생활은 표층에서 심층으로 발달해야 한다. 종교의 참된 의미가 심층적 차원을 통해서만 발견될 수 있기 때문이다. 그리고 심층 종교가 각자의 내면에서 종교적 지혜를 발견하려는 태도를 뜻한다면, 그 여정이 무한하리라는 점도 거듭 되새길 필요가 있다. 종교 생활의 발달과 변화를 받아들인다면 우리는 자연스럽게 겸손과 열림의 태도를 갖추게 될 것이다. 그리고 타인의 목소리에 귀를 기울일 때 비로소 종교는 진정한 소통의 기쁨을 만들어 내는 원천으로 자리매김하지 않을까.

종교와 소통의 행복

인간은 자신이 아닌 그 무엇과 관계를 맺지 않고는 살아갈 수 없다. 그리고 인간의 가장 큰 불행과 행복은 타인과의 관계에서 비롯된다. 그 관계는 부모, 형제자매, 자식, 배우자와 같은 인간적 교제를 비롯해 자연, 사회, 국가, 신과 같은 차원으로까지 확장된다. 그 점에서 타인과의 진정한 소통은 인간 행복을 결정짓는다. 그렇다면 우리는 어떻게 관계 속에서 불행이 아닌 행복을 구현할 수 있을까? 비결은 명쾌해 보인다. 만약 우리가 타인과 진정으로 마음을 열고 소통할 때, 관계는 마치 연금술사의 손을 거친 것처럼 빛나는 황금으로 변화한다. 하지만 우월감에 사로잡혀 타인의 마음에 귀 기울이지 않거나, 자신에게 너무도 골몰한 나머지 타인에게 관심을 주지 않을 때, 관계는 곧장 납처럼 무겁고 칙칙한 것이 되고 만다. 사람들 사이에 여전히 도달할 수 없는 섬이 자리하게 되는 것이다.

그렇다면 무엇이 납을 금으로 변화시킬까? 특히 종교가 가르쳐주는 관계의 연금술은 무엇일까?

심층 종교는 우리에게 끝없는 변화와 발달의 가능성을 수용하라고 가르쳐준다. 지금의 내가 더 나은 나로 변화할 수 있다는 믿음, 그리고 내 속에 아직 더 발달할 수 있는 가능성이 있다는 믿음, 이와 더불어 나 자신이 그러하듯 타인 역시 갈고 닦을수록 빛이 나는 존재라는 믿음이 관계를 납에서 금으로 변형시키는 '현자의 돌'philosopher's stone이 아닐까.

성해영 ───────────────────────────────────────

서울대학교 외교학과를 졸업하고, 같은 학교 대학원에서 종교학 석사학위를 마쳤다. 미국 라이스대학에서 종교심리학과 신비주의의 연구로 박사학위를 받았다. 현재 서울대학교 인문학연구원 HK교수로 재직하며 관련 분야의 연구를 하고 있다. 주된 관심사는 인간 의식과 종교체험의 관계를 규명하고, 종교의 다름을 신비주의적 관점에서 재조명하는 것이다. 한국인의 생생한 종교체험을 수집하고, 분석해 우리 종교성이 갖는 보편성과 독특성을 이론적으로 밝혀내는 것이 학문적 희망이다. 지은 책으로는 "A Happy Pull of Athene: An Experiential Reading of the Plotinian Henosis in the Enneads"」, 『종교, 이제는 깨달음이다(공저)』 『문명 안으로(공저)』 『문명 밖으로(공저)』가 있다.

wellness

09

건강

잊혀진 명의,
내면의
헬스코치를 찾아서

사람들은 간단한 물음조차
인터넷 검색에 의존한다. 그러나 정작 가장 중요한 질문,
'나는 누구인가? 나 자신의 존재 의미는 무엇일까?'에 대한
답은 외부 지식이나 인터넷 검색으로는 찾을 수 없다.
그것을 찾기 위해서는 자기 내면의 목소리를 들어야 한다.
_본문 중에서

서양 의학을 공부했지만 몸과 마음은 하나라는 동양의 심신일여론心身一如論적인 생명관을 갖고 있는 나는 오랫동안 음식이 마음 건강에, 마음이 신체 건강에 미치는 영향에 관해 깊은 관심을 가져왔다. 뿐만 아니라 명상과 최면 등 특수한 의식 상태에서의 뇌파와 생체신호가 어떻게 변하는지, 그리고 이것이 인체의 면역력과 치유체계에 어떤 영향을 미치는지를 연구해 왔다. 그 과정에서 발견한 놀라운 사실은(동서양의 전통의학에서는 이미 알고 있었지만), 생명체는 하나의 관현악단과 같아서 각 부분이 멀쩡하더라도 서로 간에 조화를 이루지 못하면 관현악단으로서의 완성된 선율을 연주해낼 수 없다는 것이다. 그리고 이것들이 각각 하모니를 이루어 전체로서의 하나 된 통일성 coherence에 이르는 것이 건강과 치유의 핵심이라는 것이다.

누구나가 건강하고 행복한 삶을 원한다. 하지만 현대인들이 우리가 이러한 삶을 산다는 건 매우 어려운 일일 것이다. 자본주의경제와 과학기술의 결합은 인류에게 풍요로움과 편리함을 가져다주었지만 현대인들의 정신세계는 더 빈곤해졌고 편리함에 길들여진 우리 몸은 점차 망가져가고 있다.

서양 의학에서는 그동안 생명현상을 개체론적 관점에서만 다뤄왔을 뿐 '관계'를 소홀히 했다. 그래서 생태학적 관점에서 질병과 건강을 이해하지 못했고, 신체 각 시스템 간의 조화와 균형을 어떻게 평가하고 다뤄야 하는지를 알지 못했다. 그저 첨단 기술을 통해 병소만을 골라내 제거하고, 때론 인공물로 대체하고, 약물을 투입하여 균을 죽이고, 대사과정을 인위적으로 조절을 하지만, 병은 사라지기는커녕 오히려 점점 늘어가고 있는 게 현실이다.

병은 몸이 우리에게 보내는 메시지다

많은 사람들, 특히 의료 전문가들조차 잘못된 믿음을 갖고 있다. 특별한 병이 발견되지 않으면 건강하다고 판단하며, 병이 생김으로써 건강을 잃게 된다고 생각한다. 하지만 사실은 건강을 잃었기 때문에 병이 생기는 것이다. 따라서 병을 없애려고 아무리 애를 쓴다 해도 건강이 회복되지 않으면 증상을 조절하거나 현상만을 없애는 데 그칠 뿐이다. 그러나 건강을 회복하면 병은 자연히 물러간다. 몸의 병이든 마음의 병이든 마찬가지다. '치료'가 병을 다스리는 것이라면, '치유'는 심신의 생명력을 회복하고 삶의 건강함을 되찾는 것이다. 첨단 현대 의학이 빠르게 발전해 왔음에도 오늘날 수많은 현대인들이 만성 질환과 스트레스성 질환에 시달리고 있는 것은 그만큼 우리의 삶이, 우리가 살아가는 문화와 환경이 건강하지 못하며, 그 속에서 건강한 생명력을 유지하기가 어렵다는 방증이다.

병원에서 만나는 환자들 역시 대부분 질병에서 빨리 벗어나려고만

한다. 왜 병에 걸렸는지 자신의 삶을 돌아보는 이들은 드물다. 나는 병이 우리에게 어떤 메시지를 전달한다고 믿는다. 무언가 그 사람의 삶에 조화롭지 못한 것이 있을 때 병이 생긴다. 따라서 삶을 돌아보고 자신의 몸과 마음의 상태를 조화롭게 만드는 치료를 추구해야 한다.

건강하게, 그리고 의미 있게 살고 싶다면 사람과 생명에 대한 통찰력을 갖고 우리의 건강한 삶을 위협하는 주된 요인들이 무엇인지 제대로 이해하고 실천해 나가야 한다.

그런 의미에서 건강한 삶이란 무엇인지, 건강하게 살기 위해 어떤 노력을 해야 하는지 살펴보자.

'각醒', 자신만의 삶의 의미를 발견하라

몇 년 전부터 일기 시작한 인문학 열풍은 자기계발에 관한 일시적인 유행을 넘어 이제 시대의 흐름이 되어가고 있다. 첨단 과학의 시대에 불어오는 인문학 열풍은 어떻게 바라봐야 할까? 사람들은 인문학에서 무엇을 찾고자 하는 걸까? 근래 인문학의 열풍 이면에는, 그동안 자본주의경제와 과학기술이 결합하여 이루어낸 풍요로움과 편리함 속에 묻혀 조금씩 상실되어 온 삶의 본질, 즉 삶의 의미와 목적에 대한 성찰의 움직임을 느낄 수 있다.

이와 같은 사람들의 마음을 반영하듯 최근 보건의료계에서도 '영성spirituality과 건강'에 대해 많은 연구와 논의가 진행되고 있다. 또한 세계보건기구에서도 건강에 대한 개념을 좀 더 확대하여 '단순히 질병이나 불편감이 없는 상태가 아니라 신체적·정신적·사회적·영적으로 완전히 안녕well-being한 상태'라고 정의하고 있다.

개인의 영성은 현실 속에서의 사회적 관계나 신분에 관계없이 누구나 각자 한 생명체로서의 타고난 고유하고 절대적인 가치와 존재 의미가 있음에 대한 믿음에 근거한다. 그리고 그 믿음은 인간을 초월한 더 크고 근원적인 존재와의 연결성에 뿌리를 두고 있다.

'생명生命'이라는 단어를 살펴보면, 생물학적으로 살아 있는 상태를 뜻하는 '생生'과 자신의 의지와 관계없이 부여받은 미션, 즉 존재 의미를 뜻하는 '명命'으로 되어 있다. 생물학에 기초한 현대 의학에서 다루는 질병과 생명현상은 생生에 대한 것이다. 인간이 생물체로서 건강한 상태를 유지할 수 있는 원리, 그리고 다양한 질병의 발생 및 치료에 관해 다룬다. 하지만 인간을 생물학적 개체로만 인식한다면 그 존재 의미나 목적성, 타고난 영성을 논할 수가 없다. 우리에게 명命이 있다는 것은 생生을 얻어 살아가는 의미, 즉 생명체로서의 속성과 동시에 각기 하늘로부터 부여된 고유한 가치와 존재 의미, 그리고 사명과 삶의 목적성을 타고 났다는 것을 의미한다. 영성은 자신의 타고난 존재 의미, 즉 명命이 있음을 믿고 그것을 깨우치며 그 길을 걷기 위해 노력하는 과정 속에서 성장한다. 이를 통해 영적인 건강을 이뤄나갈 수 있는 것이다.

자신에게 주어진 '명命'을 어떻게 알 수 있을까?

흔히 운명은 정해져 있으며, 인간의 의지로 바꿀 수 없는 절대적인 힘에 의해 결정된다고 생각한다. 물론 그럴지도 모른다. 우리 자신이 겪어나가는 현실 속의 일들은 우리 내면의 표상이기 때문에 마음자세와

우리는 어디에서 와서 어디로 가는가

폴 고갱 | 1897년 | 캔버스에 유채 | 139×374.7cm | 보스턴미술관

신념체계, 삶에 대한 태도가 변하지 않는다면, 의식적으로든 무의식으로든 스스로가 만들어낸 표상의 굴레를 벗어나기는 참으로 어렵다. 그러나 영적 존재로서 자신의 본질을 이해하고 세상과 자신에 대한 태도를 변화시켜 나간다면, 그 굴레를 넘어 새로운 운명을 개척해 나갈 수가 있다. 그것을 통해 자신이 겪고 있는 현실뿐 아니라, 자신의 신체적 건강상태까지 변화시킬 수 있다는 증거가 많은 연구들을 통해 밝혀지고 있다.

우리의 삶 속에서 자신의 명命을 이해하고 밝히는 것은 결코 쉬운 일이 아니다. 특히 우리는 현재 정보화 빅뱅 시대를 살아가고 있다. 누구나 원하는 정보를 손쉽게 얻을 수 있는 혁신적인 시대를 맞이했지만, 한편으론 초 단위로 쏟아져 들어오는 수많은 정보의 홍수 속에서 스스로 사유할 능력조차 잃어가고 있다. 사람들은 간단한 물음조차 인터넷 검색에 의존한다. 이제 우리가 궁금해하는 거의 모든 것에 대한 답이 인터넷 상에 존재하게 되었다.

그러나 정작 가장 중요한 질문, '나는 누구인가? 나 자신의 존재 의미는 무엇일까?'에 대한 답은 외부 지식이나 인터넷 검색으로는 찾을 수 없다. 그것을 찾기 위해서는 자기 내면의 목소리를 들어야 한다. 그것도 자신의 경험이나 감정의 목소리가 아닌, 깊은 내면에서 울려나오는 영적인 목소리여야 한다. 내면의 목소리를 통해 자신의 본질을 조금씩 이해하기 시작하면 삶에 대한 태도, 세상에 대한 시선, 생을 살아가는 목적이나 우선순위가 달라지기 시작할 것이다. 깨어나는 것이다.

주어진 환경이나 운명의 굴레에서 벗어나 자신만의 우주를 창조하고 세상의 변화와 스스로의 삶에 주체적 역할을 하게 되는 것이다. 각종 미디어와 광고를 통해 인간을 소비의 대상이자 객체로 전락시키는 오늘날의 자본주의 경제 환경 속에서 자기 내면의 목소리를 듣고 온전한 정신으로 깨어 있는 삶을 살아가기 위해서는 각종 유행과 시류, 대중적인 것들과의 결별을 각오해야 한다. 새가 새로 태어나기 위해서는 알을 깨는 고통을 맛보아야 하는 것과 같은 이치다. 그것이 비록 세속적인 성공과 멀어 보이고 비현실적인 것처럼 보일지라도 자신에게 주어진 길을 선택하고 개척해 나갈 때, 우리는 누구와도 비교하거나 경쟁할 필요가 없는 자신만의 자리를 찾아 각자로서의 완성을 향한 위대한 역사를 만들어 나갈 수 있다. 그리고 우리 각자가 자신이 살아가야 할 명확한 이유를 발견했을 때, 내가 지금 여기 존재하는 것과 자신이 겪어 왔던 과거의 우주적 필연성을 이해하게 되었을 때, 우리는 좀 더 성숙한 삶을 살수 있으며, 자연적으로 타고난 생명력과 치유력을 회복함으로써 신체적으로도 많은 질병을 극복하고 더욱 건강해질 수 있다.

'통通', 몸과 마음, 의식의 소통

현대인들의 머릿속은 항상 수많은 상념들로 붐빈다. 특히 스마트폰이 보급된 이후로 잠시 쉴 틈도 없이 검색하고, 확인하고 SNS로 글을 남기느라 바쁘다. 남들에게 뒤처질까 하는 막연한 두려움에 왜 해야 하는지도 모른 채 무언가를 끊임없이 채워가는 게 현대인들의 일상적인 모습이다. 시쳇말로 '만땅 인생'이다. 그러나 우리의 관심과 시선이 외부로만 향해 있으면, 즉 타인의 시선과 반응에 연연해 하면 정작 자기 내면의 목소리는 들을 수가 없다. 그리고 그럴수록 감정이나 스트레스에 취약할 수밖에 없다. 부정적인 감정에 휩싸이면 이성과 지혜의 눈이 가려져 본질을 깨닫거나 발견할 수 없다. 자신의 본질(존재 가치와 의미)을 깨우치지 못하면 사회적 부나 지위 같은 현상적인 것들로 시선이 향할 수밖에 없고, 그것은 다시 내면을 황폐화시키는 악순환으로 이어진다.

현대인들이 갈수록 쉽게 분노하며 우울해하는 것도 이 때문이다. 그리고 반복적으로 누적된 스트레스는 마음의 병을 넘어 몸의 병까지 유발시킨다. 이러한 반복되는 악순환의 고리를 끊어내기 위해서는 자기 내면의 소리를 듣고 자신의 본질을 깨우쳐야 한다. 즉 마음을 비우고 밝혀가야 한다. 그러기 위해서는 우리 신체와 감정, 그리고 의지가 어떻게 서로 연결되어 있는지를 잘 이해해야 한다.

그중에서도 '뇌'를 이해하는 일이 무엇보다 중요하다. 뇌는 인간의 감정과 의지, 정신과 신체를 연결하는 중추기관이다. 따라서 뇌를 이해하는 것은 몸과 마음을 통합적으로 이해하는 밑거름이 된다.

기능적으로 바라본 인간의 뇌는 3층 구조로 되어 있다. 가장 하부를 이루는 1층 뇌는 해부학적으로 뇌간(뇌 뿌리)에 해당되며, 흔히 '본능의 뇌 혹은 생존의 뇌survival brain'라고 일컫는다. 이 부분은 생牛을 유지하기 위한 본질적 기능, 즉 식욕과 성욕 등의 본능과 자극에 대한 반사, 호흡, 혈압, 수면 각성의 조절, 체온, 대사 등을 담당한다. 파충류, 양서류, 조류 등이 모두 이 뇌를 가지고 있다. 이 뇌의 역할은 생존을 유지하는 것이며, 이를 위해 우리 감정에 신호를 보내거나 본능에 따라 행동하게 만드는 것이다. 체내 혈당이 떨어지면 초조하고 예민해지는 것도, 3일을 굶으면 선비도 담벼락을 넘게 만드는 것도 바로 이 1층 뇌의 작용이다. 2층 뇌는 뇌간 위에 연결된 변연계에 해당하며, 흔히 '감정의 뇌emotional brain'라고 불린다. 삶의 즐거움과 슬픔, 공포 등 감정을 형성하는 데 관여하는데, 이런 감정은 타인과의 공감대와 사회적 유대를 형성하는 데 매우 중요하다. 변연계는 과거의 사건과 감정에 대한 기억을 저장하는 역할을 하기도 한다. 3층 뇌는 해부학적으로 대뇌 피질에 해당하며 흔히 '사고의 뇌thinking brain'라고 불린다. 외부 혹은 내부적으로 유입되는 정보를 바탕으로 사고와 판단 및 행동을 결정하며 미래를 바라보고 행동에 대한 결과를 예측하고 모니터링한다. 인간을 만물의 영장으로서 가장 인간답게 만들어 주는 것이 이 3층 뇌의 작용이다.

인간이면 누구나가 다 3층 구조로 된 뇌를 가지고 있지만, 대개는 한 개의 뇌에 치우친 삶을 살곤 한다. 1층 뇌에 치우치게 되면 본능에 충실

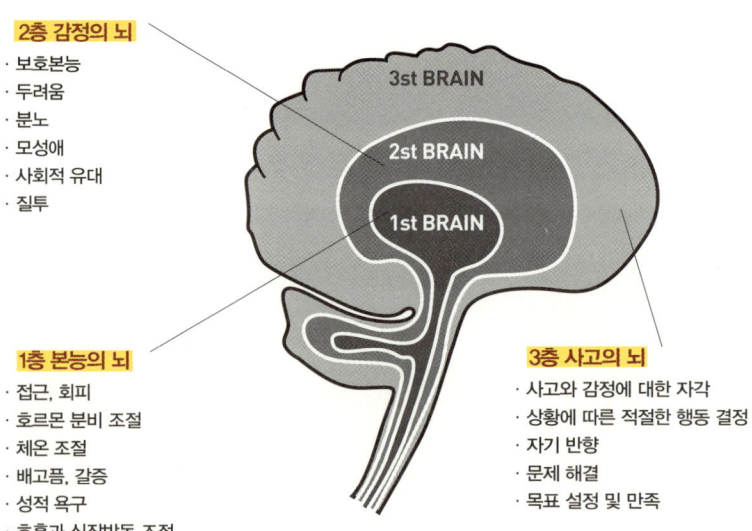

2층 감정의 뇌
· 보호본능
· 두려움
· 분노
· 모성애
· 사회적 유대
· 질투

3st BRAIN

2st BRAIN

1st BRAIN

1층 본능의 뇌
· 접근, 회피
· 호르몬 분비 조절
· 체온 조절
· 배고픔, 갈증
· 성적 욕구
· 호흡과 심장박동 조절

3층 사고의 뇌
· 사고와 감정에 대한 자각
· 상황에 따른 적절한 행동 결정
· 자기 반향
· 문제 해결
· 목표 설정 및 만족

하게 되며, 2층 뇌에 치우치면 통제되지 않은 감정이 자신을 지배할 수 있고 이것이 장기간 지속되면 신체적 질환으로 이어질 수 있다. 3층 뇌는 합리적인 사고 판단을 하고 자신의 감정과 본능을 조절할 수 있으나, 이에 지나치게 치우치면 감정이 메마르고 정서적 경험이 부족해져서 인생의 즐거움과 깊은 우정, 타인과의 공감, 현상 너머의 본질에 대한 이해에 어려움을 겪을 수 있다. 신체적·정신적·사회적·영적 건강을 위해서는 이 3개 층간에 서로 조화와 공명을 이뤄야 한다.

실제로 1층 뇌와 2층 뇌, 3층 뇌는 매우 밀접하게 연결되어 상호작용을 한다. 그런데 상대적으로 아래에 있는 것이 위에 더 큰 영향을 준다. 건물도 아래가 흔들리면 위가 같이 흔들리지만, 위가 흔들린다 해도 아래는 흔들리지 않는 경우가 있는 것처럼 말이다. 몸의 불건강한 생리적 상태는 1층 뇌를 통해 2층 뇌에서 부정적인 감정의 형성에 직접적으로 영향을 끼치며, 감정이 불안정해지면 3층 뇌의 합리적 사고판단 기능이 제대로 작동하기 어려워진다.

예를 들어 몸에 바이러스가 침투하여 염증반응이 일어나거나 만성적인 통증을 겪으면 마음이 우울해지고, 이것이 지속되면 집중력이나 인지기능의 저하로 이어진다. 스트레스를 받거나 분노심이나 공포로 인해 2층 뇌가 혼돈에 휩싸이면 그 위의 3층 뇌가 제대로 역할을 수행하기 어렵게 되는 것도 마찬가지다. 3층 뇌가 본연의 역할을 할 수 있기 위해서는 정서를 담당하는 2층 뇌를 안정시키는 것이 중요하며, 또 정서를 안정시키기 위해서는 1층 뇌가 주관하는 몸의 생리적인 안정과 균형의 회복이 매우 중요하게 작용을 한다. 이것이 규칙적인 운동과 건강한 식습관을 통해 몸을 맑게 비움으로써 마음을 정화하고 지혜의 눈을 띄우기 위한 상향식bottom-up 전략이 필요한 이유이다. 반면 긍정적인 믿음과 태도, 합리적이고 이성적인 사고 판단과 의지력 등 3층 뇌의 작용을 강화시켜 부정적인 감정을 가라앉히고 긍정감성을 강화하는 것도 매우 중요하다. 2층 뇌의 작용, 즉 감정상태의 변화는 1층 뇌를 통해 자율신경계와 호르몬 작용으로 몸의 생리적 변화에 영향을 끼친다. 이성의 작용이 자율적으로 조정되는 몸의 생리적 변화에 직접적인 영향을 줄 수는 없지만, 감정의 변화를 통해 간접적으로 영향을 끼칠 수는 있는 것이다. 영성과 삶에 대한 태도, 믿음과 신념체계가 하향식top-down으로 신체적 건강에 중요한 영향을 미칠 수 있는 원리이기도 하다. 마음을 비우고 내면의 목소리에 귀를 기울이는 과정을 통해 자신의 존재 의미와 삶의 목적성을 발견해 갈 수 있을 뿐만 아니라, 질병의 치유에도 큰 도움을 줄 수가 있다. 이렇게 치유와 깨달음은 함께 이뤄져 가는 것이다.

스트레스에 대처하는 뇌의 자세

1층 뇌의 주요 작용은 생물학적 생존 상태인 생보이 유지될 수 있도록 자율적으로 항상성homeostasis을 조절하는 것이다. 항상성이란 생명체가 겪는 끊임없이 변화되는 환경 속에서 생리적 안정 상태를 유지하는 속성을 말한다. 생존 유지를 위해 필수적인 체온, 체액과 삼투압, pH, 혈압, 생체리듬 등의 안정적 유지를 위해 1층 뇌가 중심이 되어 순환, 면역, 대사, 신경, 내분비 등 서로 다른 역할을 하는 각 시스템들을 총체적으로 조절하며, 내·외적인 변화와 스트레스에 대응한다. 항상성을 유지하는 각 시스템들은 서로 매우 복잡하고 긴밀하게 상호 연결되어 한

시스템의 변화는 다른 전체 시스템에 영향을 주게 된다. 따라서 1층 뇌는 진화와 성장 발달과정을 통해 이 항상성 조절 시스템의 전체적인 안정과 스트레스의 최소화를 위한 각각의 기준치default mode를 설정하게 되며, 이 값을 기준으로 평형상태를 유지한다. 이를테면 체온은 36.5℃, 혈압은 120/80mmHg, 공복 혈당은 100mg/dl, 혈액 pH는 7.35 등을 들 수 있다. 한편 인체는 변화에 대해 적응하려는 속성과 능력이 있는데, 이를 역동성allostasis이라고 표현할 수 있다. 이것은 스트레스 상황에 능동적으로 대처함으로써 내적 평형상태를 유지하기 위한 적응 반응이다. 계단을 뛰어오를 때 많은 혈액순환을 위해 심장이 강하게 펌프질하며 혈압을 올리지만(역동성의 작용), 휴식을 취하고 나면 다시 기준 혈압으로 돌아온다(항상성의 작용).

앞서 언급한 것처럼 감정의 변화만으로도 생리적 변화가 초래되는데, 감정을 주관하는 2층 뇌가 분노나 공포, 불안 등 부정적인 정서 상태에 놓이게 되면 스트레스 내분비 시스템과 교감신경의 활성화를 통해 신체적 스트레스 대응반응이 나타나게 된다. 열 받으면 계단을 뛰어오르지 않더라도 혈압이 오르고, 호흡이 가빠지는 것도 이 때문이다. 그러나 이러한 스트레스가 장기간 지속되거나 너무 큰 강도로 가해지면 각 시스템에 임계치 이상의 과부하가 걸려, 1층 뇌는 이 상태를 새로운 기준치로 재설정하게 되며, 스트레스가 사라지더라도 이전의 기준치로 돌아가지 못하는 과부하 상태가 지속된다. 이것은 서서히 다른 전체 시스템의 과부하로 연결되어 결국 몸을 약하고 병들게 만든다. 스트레스로 인해 만성질환이 유발되는 원리가 바로 이것이다. 120/80mmHg을 기준으로 오르내리던 혈압이 장기간의 스트레스를 통해 조금씩 상승하여 결국 140/90mmHg, 160/100mmHg 등 상승된 새로운 기준 값에 맞춰 오르내릴 때, 의사들은 이것을 본태성 고혈압이라고 진단한다. 같은 원리로 당뇨—혈당 상승, 고지혈증—콜레스테롤 상승, 비만—체중 증가 등도 지속적인 스트레스에 의한 항상성 시스템의 부적응과 과부하로 인한 대표적인 질환이다. 이렇듯 오랜 세월 동안 누적된 스트레스로 인해 초래된 생리적 불균형은 마치 산 정상에서 강한 바람을 맞으며 휘어져 자란 소나무와 같다. 기존 현대 의학에서는 이러한 질병은 원래의 정상적 기준치로 스스로 돌아갈 수 없다고 판단하여 더 악화되는 것을 막기 위해서는 지속적인 약물복용을 통해 관리되어야 한다고 주장한다. 그러나 다행히도 최신 뇌 과학은 우리 뇌가 평생에 걸쳐 변화와 학습이 가능한 가소성plasticity이 있다는 것을 밝혀냈다. 다시 말해 만성적인 스트레스로 인한 부적응 상태도 의도적인 훈련을 통해 스트레스와 반대되는 생리적 상태, 즉 이완 상태를 지속적으로 유지해 주면 각 시스템의 과부하가 해제되면서 원래의 조화로운 기준치를 회복하는 것이 가능하다는 걸 알게 되었다.

감정의 파도 다스리기

인생을 살면서 스트레스를 피해 갈 수는 없다. 마치 끊임없이 밀려오는 파도를 멈추게 할 수 없듯이. 그러나 우리는 파도를 타는 법을 익힐 수는 있다. 동양의 전통문화 속에는 감정의 파도를 탈 수 있는 지혜가 전해져 왔다. 바로 명상이다.

명상은 공포와 불안감을 부정하지 않고 나의 감정을 있는 그대로 관조적으로 바라볼 수 있는 의식의 힘을 키워준다. 이를 통해 삶을 위협하는 많은 스트레스와 고통, 분노에 압도당하지 않고 평정심을 지킬 수 있다. 또한 새로운 삶의 돌파구를 찾아갈 수도 있다. 자동차를 안전하게 운전하기 위해서는 적절한 운전교육이 필요하듯, 내 몸과 마음도 그 속성을 잘 이해하고 다스려 나가는 지혜와 기술을 익혀야 한다.

2층 뇌를 흔들었던 감정의 안개가 걷히면 1층 뇌를 중심으로 한 항상성 조절 시스템이 안정된 기준 상태를 다시 회복할 수 있을 뿐만 아니라, 3층 뇌가 자기 내면의 목소리를 듣고 자신의 본질과 존재 의미를 발견하는 데 큰 도움을 준다. 명상은 특정 종교의 전유물이 아니며, 산 속에 들어가야만 할 수 있는 것도 아니다. 깨어 있으면서도 몰입되어 있는 상태, 그래서 몸과 마음이 모두 서로 통해 하나가 되어 있는 상태, 그것이 바로 명상이다. 조용한 곳에 앉아 호흡을 고르며 자신의 심장에 자애의 마음을 모아 그 울림이 온몸에 물결쳐 퍼져나가는 느낌을 느껴보자. 그리고 분노와 두려움, 고통과 공포의 의미를 이해하고 그저 바라보면 비로소 마음의 파도를 타고 있는 자신을 발견할 수 있을 것이다.

미국에서는 1960년대 하버드 대학의 심장내과 전문의인 허버트 벤슨Herbert Benson이 요가 명상가들의 명상 시 에너지 대사율이 급격히 감소하는 현상을 관찰하면서부터 명상에 대한 과학적 연구가 활발해지기 시작했다. 최근 들어 명상을 통한 "뇌의 가소적 변화plastic change"는 신경과학 분야의 주요한 연구테마로 자리 잡고 있다. 미국에는 달라이라마와 최고의 뇌과학자들이 만나 명상의 치유원리와 임상적 효능을 뇌과학적으로 연구하는 사마타 프로젝트Shamatha project가 진행되고 있다. 이 프로젝트에 참여하는 미국 위스콘신대학 연구팀은 명상을 통해 긍정적 정서를

인상: 해돋이

클로드 모네 | 1872년 | 캔버스에 유채 | 48×63cm | 마르모탕 미술관

담당하는 좌측 전전두엽이 활성화되고, 그에 비례하여 면역기능도 증강됨을 증명한 바 있다. 이외에도 명상을 통해 뇌가 더 건강해지고, 면역기능도 활성화된다는 연구들이 잇달아 보고되고 있다.

'공空', 비워내고 정화하기

스트레스나 분노, 삶에 대한 부정적인 태도 등 의식과 감정은 모두 마음의 병을 넘어 몸의 병을 일으킬 수 있다. 반대로 몸이 혼탁해지면 스트레스에 민감하게 되어 감정상태도 쉽게 불안정해지고 판단력도 흐려지게 된다. 건강한 마음과 지혜로운 의식작용을 위해 몸을 비워내고 정화하는 것은 무척 중요하다. 인공첨가물이 듬뿍 든 가공식품을 먹고 나서 명상을 해보라. 도무지 집중이 안 될 것이다. 의지력이 약해서가 아니다. MSGmonosodium glutamate, 글루탐산나트륨가 뇌를 교란하기 때문이다. 과거 종교인이나 구도자들이 수행을 할 때 목욕재계를 하고 술과 고기를 멀리하며 음식조차 가려먹었던 이유가 이 때문이다.

현대인들의 몸은 오염된 환경과 가공된 먹거리로 인해 날마다 엄청난 양의 화학물질에 노출되고 있다. 현대인들이 감정을 조절하는 데 점점 더 많은 어려움을 느끼고 만성질환이 갈수록 늘어나는 것은 바로 우리 몸이 수많은 화학물질로 오염되어 가고 있기 때문이다. 우리가 모르는 사이, 체내에 축적된 오염물질은 신체뿐만 아니라 정신까지도 병들게 하고 있으며, 뱃속의 자녀에게까지 전달된다. 생존에 필요한 것 이상의 풍요로움과 편리함을 향한 인간의 탐욕은 자연을 무분별하게 파괴시켜 왔다. 인간이 쏟아낸 엄청난 오염물질은 자연을 오염시키고 생태계를 파괴시켰을 뿐만 아니라 인간의 건강과 생존을 매우 심각하게 위협하고 있다.

　가장 심각한 것은 체내에 축적된 환경독소들이 바로 우리 뇌 건강을 위협한다는 것이다. 체내 장기 중 가장 지방이 많이 분포된 기관이 바로 뇌이다. 우리 뇌는 건조 중량의 약 60%가 지방으로 이뤄져 있다. 따라서 환경독소의 침투에 취약할 수밖에 없다. 뇌에 축적된 환경독소는 뇌세포의 노화를 촉진하고, 신경전달물질의 합성과 작용을 방해한다. 이로 인해 스트레스에 취약하게 되고, 본능이나 감정에 대한 통제력이 약화되어 우울증이나 충동성, 폭력성이 증가할 수 있다. 또 기억력이나 인지기능의 저하를 유발하기도 한다. 이러한 관련성은 이미 많은 연구들을 통해 증명되고 있을 뿐만 아니라 수많은 사회현상을 통해 드러나고 있다. 남녀노소를 막론하고 충동적인 폭력과 범죄가 빈발한다. ADHD, 우울증, 치매가 급증하며 자살률도 세계 최고이다. 최근 통계에 따르면, 2006년도부터 5년 사이에 고령자 치매뿐만 아니라 40대 이하의 조기 치매 환자도 약 2배가량 증가했다. 환경독소는 신체적 질환뿐만 아니라 정서와 인지작용 등 인간의 정신세계까지 파괴시키고 있는 것이다. 이것이 신체적 건강을 위해서뿐만 아니라 정신적, 영적 건강을 위해서도 명상을 통해 마음을 다스리는 것 못지않게 몸을 청정하게 비우고 정화시키는 것이 중요한 이유이다.

　우리 몸속 깊숙이 자리 잡은 수많은 화학물질들과, 날마다 먹는 음식물 속에 잔류되어 있는 환경독소와 각종 인공첨가물들로부터 우리 몸을 어떻게 정화시킬 수 있을까? 고대 아시아에서는 체내에 정체된 노폐물을 체외로 배출하기 위한 다양한 해독detox방법들이 시도되었다. 이런 해독 방법들은 종교적인 의식을 앞두고 몸과 마음을 정화하기 위한 목적으로도 시행되었다. 하지만 과거의 형태 그대로 현대인들에게 적용하기에는 오늘날의 생활방식에 잘 맞지 않는 것들도 많다. 체내에 환경독소가 유입되는 가장 주된 경로가 음식을 통해서임이 밝혀진 만큼, 인스턴트 가공식품이나 잠재적 오염 위험이 큰 붉은 육류나 유제품의 섭취를 제한하고, 과학적으로 잘 설계된 식이요법을 바탕으로 해독을 하는 것이 가장 적절하다.

'live different', 다른 방식으로 살아가기

그러나 좀 더 근본적으로는 우리들의 삶의 방식이 바뀌지 않으면 안 된다. 환경의 오염과 그로 인한 생태계의 파괴, 질병의 증가는 더 이상 우리 문명이 지속 가능하지 않음을 경고하고 있다. 이제 인간과 문명, 자연이 공존할 수 있는 새로운 가치관과 삶의 방식이 필요하다.

한때 웰빙이 시대의 화두였던 적이 있었다. 당시 수많은 미디어와 산업계에서 웰빙으로 비즈니스 모델을 만들기 위해 열을 올리다 금새 시들해 졌다. 요즘은 힐링, 웰니스가 시대의 화두가 되었다. 여전히 많은 이들이 뭔가 다른, 좀 더 근원적으로 우리 삶을 건강하게 해줄 수 있는 길을 찾고 있다는 것이다. 그러나 안타깝게도 치유란 단어조차 너무나 가볍게 다루고 있다.

우리 문명이 지속 가능해야 비즈니스도 가능하다. 현대인들의 삶, 그리고 우리가 살아가는 지금 이 시대는 감성적인 위로나 희망, 일시적인 체험 등으로 치유가 되기에는 이미 병세가 심각하다. 환자로 치면 온몸에 암세포가 퍼진 말기 암환자이다. 말기 암환자에겐 약이 없다. 살아날 수 있는 유일한 방법은 생태적인 삶의 방식으로 돌아가는 것이다. 그리고 자신의 존재 의미에 대한 분명한 해답을 찾는 것이다. 문명이 만들어낸 인위적인 것들, 그리고 몸과 마음의 독소를 비워가면서, 자연의 섭리를 따라 생각하고 숨 쉬고 마음 챙기며 생태적인 것들로 채워 넣어야 한다. 마찬가지로 이 시대를 살아가는 우리 개개인도, 그리고 사회 전체도 이제는 우리가 무엇을 추구하며 어떻게 살아가야 하는지에 대해 진지하게 성찰해 나가야 할 때이다.

이제 우리는 지금까지와는 다른 방식으로 살아가기-live different-를 선택해야 할 때이다. 문명을 버릴 수 없다면, 도시를 떠날 수 없다면 도시에서의 생태적 삶을 실현하기 위해 함께 노력해야 한다. 생태적인 식습관을 통해 몸을 정화하고 명상을 통해 마음을 비워내며 우리 모두가 자연과 연결된 하나임을 깨닫고 자신만의 고유한 존재의미를 찾아가는 것, 바로 비움의 삶을 실천하는 것이다.

강승완 ——————————————

서울대 의대를 졸업하고 대체의학, 동서의학, 스포츠의학, 가정의학, 통증의학 등을 섭렵한 국내 최고의 통합의학 전문가. 현재 서울대 간호대 교수로 재직 중이며, 인간에 내재된 자연 치유력의 메커니즘 규명을 위한 연구를 수행하고 있다. 인간과 문명, 자연의 조화와 균형회복을 위한 생태적 치유문화 확산을 꿈꾸는 혁신가이기도 하다.

인문학 카페
인생 강의

초판 1쇄 인쇄일 2013년 8월 1일
초판 2쇄 발행일 2013년 9월 15일

지은이 강승완 · 김선희 · 김용신 · 마석한 · 성해영
 안병대 · 유헌식 · 이기봉 · 채석용
펴낸이 김종길
책임편집 임현주
편집부 임현주 · 이은지 · 이경숙 · 홍다휘
디자인부 정현주 · 박경은
마케팅부 김재롱 · 박용철
홍보부 윤수연
관리부 이현아
펴낸곳 글담출판사
등록번호 009.12.30. 제2009-27호
주소 (132-898)서울시 도봉구 창4동 9번지 한국빌딩 7층
전화 (02)998-7030 **팩스** (02)998-7924
페이스북 http://www.facebook.com/geuldam4u
블로그 http://blog.naver.com/geuldam4u
이메일 bookmaster@geuldam.com

ISBN 978-89-92814-74-4 13100
책값은 표지에 있습니다.

이 도서의 국립중앙도서관 출판시도서목록(CIP)은 e-CIP홈페이지(http://www.nl.go.kr/ecip)와
국가자료공동목록시스템(http://www.nl.go.kr/kolisnet)에서 이용하실 수 있습니다.(CIP제어번호: CIP2013012997)